HERDER / SPEKTRUM *MEISTERDENKER*

HERDER / SPEKTRUM

Das Buch

Albert Einstein (1879–1955) hat mit seiner Relativitätstheorie unser Weltbild revolutioniert. Seine Formel $E = mc^2$ veränderte unser Verständnis der Welt und des Universums. Fortan mußten Begriffe wie Raum, Zeit, Schwerkraft, Licht, Materie und Energie neu gedacht werden. Er betrachtete Raum-Zeit als ein vierdimensionales Kontinuum, in dem zukünftige Ereignisse bereits implizit anwesend waren. Deshalb widersprach er der Quantentheorie mit ihrem Unbestimmtheitsprinzip, nicht zuletzt mit dem berühmten Satz „Gott würfelt nicht". Klaus Fischer skizziert in dieser prägnanten Einführung die Stationen im Leben des charismatischen Pazifisten und großen Physikers, und er erläutert die Bedeutung seiner grundlegenden Einsichten. So wird deutlich: Einstein nimmt eine zentrale Position ein zwischen Newton, Maxwell und Mach auf der einen Seite und Bohr, Heisenberg und der gegenwärtigen Physik auf der anderen. Als Physiker und Philosoph hat er einen Paradigmenwechsel eingeleitet, dessen Tragweite für unser Denken bis heute nur von wenigen realisiert wird.

Der Autor

Klaus Fischer ist Professor für Philosophie/Wissenschaftstheorie an der Universtität Trier. Neben der Wissenschaftsphilosophie ist er auf Naturphilosophie und Neurophilosophie spezialisiert und u.a. Autor von *Galileo Galilei* (1983) und *Changing Landscapes of Nuclear Physics* (1993).

Klaus Fischer

Einstein

Herder
Freiburg · Basel · Wien

Originalausgabe

Genehmigte Lizenzausgabe Panorama Verlag, Wiesbaden
Lektorat: Lukas Trabert
Satz: DTP-Studio Helmut Quilitz, Denzlingen
Druck und Bindung: GGP Media GmbH, Pößneck
Umschlaggestaltung: Joseph Pölzelbauer
Umschlagmotiv: © Archiv für Kunst und Geschichte, Berlin
ISBN 3-926642-35-1

Inhalt

Leitsätze

„Das Wesentliche im Dasein eines Menschen von meiner Art liegt in dem was er denkt und wie er denkt, nicht in dem, was er tut oder erleidet.“ (Einstein 1955, 12)

„Ich habe niemals mit ganzem Herzen dem Land oder dem Staat, meinem Freundeskreis oder selbst auch meiner Familie angehört.“ (Einstein, in: Infeld 1969, 70)

„Es ist eigentlich wie ein Wunder, daß der moderne Lehrbetrieb die heilige Neugier des Forschens noch nicht ganz erdrosselt hat; denn dies delikate Pflänzchen bedarf neben Anregung hauptsächlich der Freiheit; ohne diese geht es unweigerlich zugrunde.“ (Einstein 1955, 6)

„Autoritätsdusel ist der größte Feind der Wahrheit.“ (Einstein 1987ff., Bd. 1, 310)

„Jeder muß am Altar der Dummheit von Zeit zu Zeit sein Opfer darbringen, der Gottheit und den Menschen zur Lust.“ (Einstein-Born Briefwechsel, 59)

„Es lebe die Unverfrorenheit! Sie ist mein Schutzengel in dieser Welt.“ (Einstein 1987ff., Bd. 1, 323)

„Gott schuf den Esel und gab ihm ein dickes Fell.“ (Einstein 1987ff., Bd. 1, 290)

Einleitung

Max Planck hat einmal Albert Einstein mit Kopernikus verglichen und ihn als den größten Physiker seit Isaac Newton bezeichnet. Dies ist eine starke Behauptung, denn in der Entwicklung der Physik in den beiden Jahrhunderten nach Newton hat es eine lange Reihe höchst bedeutender Wissenschaftler gegeben: Watt, Faraday, Maxwell, Euler, Laplace, Ampère, Mayer, Kirchhoff, Helmholtz, Boltzmann, Hertz, Lorentz, Poincaré – und natürlich Planck selbst. Ohne die Genannten hätte die Physik zu Anfang dieses Jahrhunderts anders ausgesehen, als sie es tat. Worin also unterschied sich die Wirkung Einsteins von der Wirkung eines Laplace, Maxwell oder Hertz? Vielleicht liegt der wichtigste Unterschied darin, daß Einsteins Denken nicht nur die Physik veränderte. Sie strahlte auch in die Philosophie, die Politik, die Literatur, die Kunst und sogar in die Soziologie und Pädagogik hinein. Kurz gesagt: *Sie veränderte unser Weltbild.* Unsere Begriffe von Raum und Zeit, unsere Anschauung von der Entstehung und der Struktur des Kosmos, unser Bild von den Prozessen im atomaren Bereich, unsere Auffassung von der Methode der Wissenschaft und der Organisation der wissenschaftlichen Arbeit wurden durch die Arbeit von Einstein tiefgreifend beeinflußt. In dieser Wirkungsgeschichte spielte nicht nur der Wissenschaftler, sondern auch der Mensch Albert Einstein eine wesentliche Rolle. Einstein entsprach nicht dem öffentlichen Bild des genialen Wissenschaftlers als eines hochgelehrten Fachmannes, der in allen Dingen, die nicht sein enges Gebiet betreffen, unbeholfen und weltfremd ist. Einstein war kein Wunderkind, das an einer der großen Forschungsstätten unter den Fittichen eines anderen großen Wissenschaftlers ausgebildet und durch Fortführung der Arbeit seines Meisters zum angesehenen Mitglied der wissenschaftlichen Gemeinschaft wurde. Er war

- ein Außenseiter, der durch jüdische Abstammung und das Gefühl des Andersseins keine engen Bindungen an eine Gruppe empfand, weder an eine Nation noch an die „wissenschaftliche Gemeinschaft", nicht einmal an die eigene Familie,
- ein Freigeist, der jede nicht auf Kompetenz und Wissen gestützte Autorität verachtete und in Kommißgeist und Untertanenmentalität Quellen des Unfriedens sah,
- ein Suchender, dem die Geschäftigkeit dieser Welt wenig bedeutete und der nur ein Ziel hatte, nämlich zu erkennen, was diese Welt ordnet und zusammenhält,
- ein Autodidakt und Eklektiker, dem die Curricula seiner Bildungsanstalten nicht genügten, sondern der sich durch eigene Lektüre der Werke von Physikern und Philosophen die Informationen suchte, die er gerade brauchte,
- ein Dilettant, der die Physik zunächst neben seinem „Brotberuf" aus Liebhaberei betrieb, weil ihm der Eintritt in die Universitätslaufbahn aufgrund seiner Eigenwilligkeit versagt blieb,
- ein Bohèmien, dem es bei Bekannten nicht auf Titel, Prestige und Namen, sondern auf ihre intellektuellen und menschlichen Qualitäten ankam.

Wie das neue Weltbild entstand und wie es sich entwickelte, stellt ein Lehrstück sowohl der Wissenschaftsgeschichte als auch der Wissenschaftstheorie und der Naturphilosophie dar.

Die Teile dieses Lehrstücks wollen wir anhand folgender Leitfragen entfalten:

- Gibt es besondere Faktoren in Einsteins Herkunft, Charakter, Erziehung, Umwelt, die für seinen Erfolg wesentlich waren?
- Von welchen geistesgeschichtlichen und fachlichen Voraussetzungen ging er aus, und wo sah er die zentralen Probleme des zeitgenössischen physikalischen Weltbildes?

- Wie versuchte er diese Probleme zu lösen, welche Methoden wandte er dabei an?
- Worin unterschieden sich Einsteins Ansatzpunkte, Lösungsversuche und Methoden von denen anderer hochrangiger Physiker seiner Zeit?
- Wie wurden seine Ideen von Fachwelt und Öffentlichkeit aufgenommen?
- In welche fachlichen und politisch-weltanschaulichen Konflikte wurde er verwickelt?
- Was sind die zentralen Ergebnisse und Konsequenzen seines Denkens?

Im Zentrum stehen also, getreu den zitierten Leitsätzen, die zentralen Gedanken des großen Naturforschers. Da diese Gedanken immer im Fluß sind, können wir keinen Längsschnitt machen, sondern müssen uns auf das Abenteuer einlassen, die Entwicklung dieser Gedankenwelt, ihre jeweiligen Voraussetzungen und Ergebnisse, aus den verfügbaren Quellen heraus so genau wie möglich nachzuzeichnen. Das Leben und seine praktischen Umstände werden dabei nur dann berücksichtigt, wenn sie in Einsteins wissenschaftliche Gedankenwelt eingreifen. Trotz dieser gewollten Beschränkung ist der Kürze der Abhandlung wegen mancher Kompromiß notwendig. Vieles, was noch zu sagen wäre, konnte nur berührt oder mußte ausgeblendet werden, um das Hauptziel nicht zu verfehlen: die Entwicklung und Darstellung der speziellen und der allgemeinen Relativitätstheorie. Einstein hat beide Versionen dieser Theorie praktisch im Alleingang entwickelt. Es ist die größte Leistung eines einzelnen Physikers in diesem Jahrhundert.

1. Weichenstellungen: Die prägenden Einflüsse auf Einsteins frühes wissenschaftliches Denken

In den ersten Jahren seines Lebens deutete nichts darauf hin, daß aus dem Knaben Albert Einstein, geboren 1879 in Ulm, einmal einer der größten Wissenschaftler der Menschheit werden sollte. Weder seine Eltern noch seine Lehrer – von der Grundschule bis zur Universität – erkannten, was in ihm steckte. Bei einem Geist dieses Formats erscheint dies merkwürdig. Übersahen die Erzieher die Zeichen seiner Begabung? Hätte man Einstein als Kind und Jugendlichen nicht stärker fördern können? Oder gab es vor dem „Wunderjahr" 1905 nichts Auffälliges zu erkennen? Doch woher kam dann dieser plötzliche Ausbruch von Kreativität, diese schöpferische Explosion?

Doch halt! Vielleicht stellen wir die falschen Fragen. Vielleicht war Einsteins schöpferische Leistung gerade das Produkt der konkreten Umstände, unter denen er sich entwickelte, der vielen Widrigkeiten, die er überwinden mußte. Vielleicht hätte sich sein Talent in einer Eliteschule, an einer Spitzenuniversität, unter der Aufsicht eines weltberühmten Physikers, im Kreise hochbegabter Karrieristen überhaupt nicht entfalten können, sondern wäre eingeschüchtert worden und verdorrt. Natürlich sind dies spekulative Überlegungen, sofern sie das Schicksal eines einzelnen betreffen. Gleichwohl sind sie wichtig, weil sie die Frage nach den optimalen Bedingungen von Kreativität und damit auch nach den Triebkräften des wissenschaftlichen Fortschritts und sogar nach der optimalen Organisation von Bildung und Wissenschaft stellen. Einstein ist nicht nur eine Herausforderung für den Wissenschaftshistoriker, sondern auch für den Wissenschaftspsychologen und den Wissenschaftsadministrator.

Wir wollen daher die Frage stellen, ob es im frühen Leben von Albert Einstein etwas gab, von dem wir zumindest im Rückblick annehmen können, daß es ein Indikator oder eine Determinante seines späteren Erfolges war. Zeichen gab es in der Tat, doch um sie erkennen und deuten zu können, bedarf es theoretischer Überlegungen. Auffällig war zunächst, daß Albert ein etwas grüblerisch veranlagtes Kind war, daß er verspätet sprechen lernte und einen gesunden Widerstandsgeist gegen Autoritäten hatte, der sich in gelegentlichen Wutanfällen äußerte. Die natürliche Abneigung gegen Autoritäten erklärt, daß Einstein auch gegen die „geistlose und mechanisierte Lehrmethode" seiner Schule, in der „Leutnants-Charaktere" den Schülern das kleine Einmaleins durch Konditionierung, sprich durch Schläge auf die „Tatzen" beibrachten, bald einen Widerwillen empfand. Da er über ein schlechtes Wortgedächtnis verfügte, erschien ihm jede Anstrengung, den Anforderungen seiner Lehrer genügen zu wollen, nicht nur sinnlos, sondern faktisch aussichtslos. „Ich liess also lieber jede Sorte von Bestrafungen über mir ergehen, als dass ich etwas auswendig herplappern lernte" (Einstein 1987 ff., Bd. 1, LXIII, Anm. 56). Da Einstein dennoch immer einer der besten seiner Klasse (und manchmal Primus) war, wurde sein Verhalten von den Lehrern offenbar anders gedeutet als rückblickend von ihm selbst.

Das Kind Albert Einstein merkte spätestens in der Schule, daß es etwas „anders" war als die anderen. Es stammte aus einer jüdischen Familie und trug somit ein soziales Stigma. Die Folgen waren nicht dramatisch, aber das Verhalten seiner Mitschüler zeigte ihm, daß es nicht ganz zu ihnen gehörte. Bei einem Kind, das von Natur aus einzelgängerisch, grüblerisch und manchmal etwas starrsinnig ist, verstärkt dies die soziale Isolation. Da ihm an den üblichen körperlichen Bubenspielen (ebenso wie später am Schulsport) nichts lag, konnte er seine sozialen und mentalen Nachteile nicht durch Stärke und Dominanz kompensieren. Zum Glück war Albert nicht nur stur, sondern auch robust und selbstbewußt genug, diese Situation auszuhalten.

Statt mit wilden Jungenspielen beschäftigte er sich lieber mit kniffligen handwerklichen Arbeiten und technischen Geräten, bei deren Verständnis und Handhabung Geschick, Konzentration, Einsicht und Geduld nötig waren. Dies sind Fähigkeiten, die auch den Wissenschaftler Einstein auszeichneten, die aber keine Prognose erlauben, ob hier ein großer Forscher, ein geschickter Installateur, ein brillanter Chirurg oder ein guter Kfz-Mechaniker heranwächst. Einstein erwähnte später mehrfach, daß die wesentliche Voraussetzung für seinen Erfolg nicht überragende Intelligenz, sondern die Fähigkeit war, wenn nötig jahre- und jahrzehntelang einsam, beharrlich und konzentriert über ein Problem nachzudenken und sich durch Fehlschläge und Irrwege nicht entmutigen zu lassen. Dieser Stil des Forschens wird im heutigen Wissenschaftssystem, das den schnellen und spektakulären Erfolg, das Ansehen bei den „peers" und manchmal die Effekthascherei belohnt, nicht mehr geschätzt. Einen Einstein würde dieses System schnell als unbelehrbar, starrsinnig und nicht „teamfähig", also als unverdaulich ausscheiden.

Aber vielleicht ist diese Kritik des modernen Wissenschaftssystems ungerecht. Dem geschilderten Schicksal ist Einstein auch im Wilhelminischen Deutschland und in der Schweiz zunächst nicht entgangen. Anstatt nach den frühen Zeichen von Einsteins Genialität zu forschen, wäre es vielleicht ebenso reizvoll, die entgegengesetzte Frage zu stellen, wie es einem Menschen mit solchem Unabhängigkeitsdrang und solcher Eigensinnigkeit überhaupt gelingen konnte, in der akademischen Wissenschaft Fuß zu fassen!

Der Sinn dieser skeptischen Frage wird klarer, wenn wir uns mit Einsteins weiterem Ausbildungsweg befassen. Durch selbständige mathematische Studien und durch Lektüre aufklärerischer Literatur hatte er früh gelernt, daß er auf eigene Faust schneller vorankommen konnte als durch bloße Abarbeitung des Schulpensums oder durch Anlehnung an Autoritäten. Im Alter zwischen zwölf und sechzehn, während andere draußen herumtollten, bewies Einstein geometrische Lehrsätze, eignete sich zum Vergnügen die

Differential- und Integralrechnung an, las die *Naturwissenschaftlichen Volksbücher* von Aaron Bernstein, Ludwig Büchners *Kraft und Stoff*, Humboldts *Kosmos*, dazu Darwin und Kant. In Max Talmud, dem zehn Jahre älteren Medizinstudenten, der im Hause seiner Eltern aß, fand er einen Diskussionspartner und Mentor, mit dem er Fragen diskutieren konnte. Ob der Einfluß Talmuds stark genug war, die Richtung seines Denkens zu bestimmen, wissen wir indes nicht.

Daß ein solcher Schüler seinen Lehrern, die in jener Zeit als unanfechtbare Autoritäten galten, unbequeme Fragen stellen konnte, war klar. Wir wissen nicht, welche persönlichen Strategien Einstein gegen die Schule der Untertanen entwickelte, sondern müssen uns unser eigenes Urteil darüber bilden, was wohl der Hintergrund jener Episode gegen Ende seiner Schulzeit auf dem Münchener Luitpold-Gymnasium gewesen sein könnte, in der ihn sein Klassenlehrer aufforderte, die Schule zu verlassen, denn seine bloße Anwesenheit verderbe ihm den Respekt in der Klasse (Einstein 1987 ff., Bd. 1, LXIII, Anm. 58). Einstein war froh, diesen Vorwand zu haben und benutzte die nächste Gelegenheit, die Schule mit ärztlichem Attest zu verlassen und zu seinen Eltern nach Italien zu reisen. Im Jahre 1894 hatte nämlich die Familie Einstein nach Liquidierung der maroden Firma Einstein & Cie. ihren Wohnsitz nach Italien verlegt und den Sohn einer Bekannten in München anvertraut, damit er dort sein Abitur machen konnte.

Begabt mit der Fähigkeit, sich über Dinge zu wundern, die andere als gegeben hinnahmen und im Anschluß daran Fragen zu stellen, die in der Schule nicht beantwortet wurden, kam Einstein zu einem immer eigenständigeren Arbeitsstil. Nachdem er die Gymnasialausbildung im Alter von 15 Jahren abgebrochen hatte, glaubte er, er könne den Stoff für die Aufnahmeprüfung am Zürcher Polytechnikum (für das man kein Abitur brauchte) im Selbststudium erwerben. Dies gelang ihm so hervorragend in Mathematik und Physik, daß der Professor für Physik, Heinrich Weber, auf ihn aufmerksam wurde, in allen anderen Fächern gelang es ihm jedoch nicht. Er mußte noch einmal für ein Jahr die Schulbank drücken, allerdings nicht in einer der verhaßten deutschen Drill- und Untertanenschulen, sondern in der liberalen, freigeistigen Kantonalschule in Aarau (Einstein 1987ff., Bd. 1, 11, Anm. 10), von deren Atmosphäre und Lehrkörper Einstein begeistert war. „Diese Schule hat durch ihren liberalen Geist und durch den schlichten Ernst der auf keinerlei äußerliche Autorität sich stützenden Lehrer einen unvergeßlichen Eindruck in mir hinterlassen" (a.a.O., 12).

Verstärkt wurde der positive Eindruck dadurch, daß Einstein im Hause des Direktors der Schule, Jost Winteler, wohnen konnte und bald familiären Anschluß bekam. Einsteins Schwester Maja heiratete später den Sohn Wintelers. Einstein war einige Zeit sehr verliebt in Marie, die Tochter Wintelers, doch nach Abschluß der Schule brach er die Beziehung ab, nicht weil die Liebe erkaltet war, sondern weil er ihre emotionalen Konsequenzen fürchtete. In einem Brief deutet er an, daß er vor dieser Beziehung zurückschreckte, weil sie sein „Haus Seelenruhe" gefährdete. Sie störte sein seelisches Gleichgewicht, auf das er zum Nachdenken über physikalische Probleme dringend angewiesen war. Auch dies ist ein wesentlicher Zug des Menschen Albert Einstein. Die Beziehung zur Familie Winteler blieb weiterhin herzlich.

Nachdem Einstein 1896 die Kantonalschule mit gutem Erfolg abgeschlossen hat, bereitet die Einschreibung am Polytechnikum keine Schwierigkeiten mehr. Einstein nimmt mit wenigen anderen Kommilitonen das Studium der Physik und Mathematik auf, und zwar mit dem Ziel, das Fachlehrerdiplom zu erwerben. Seine Erwartungen sind offenbar hochgesteckt. Durch eigene Lektüre hatte er sich bereits einen breiten Überblick über verschiedene Bereiche der Naturwissenschaft verschafft. Sein besonderes Interesse galt neueren Entwicklungen wie der elektromagnetischen Theorie des Lichts und der Entdeckung der Hertzschen Wellen, wozu auch der familiäre Hintergrund der väterlichen elektrotechnischen Firma beigetragen haben dürfte. Einstein brannte darauf, mehr über diese Dinge zu erfahren und Aufklärung über jene

Punkte – Ätherbegriff, elektromagnetische Wellen, Zusammenhang von Licht, Elektrizität und Magnetismus, Atomismus – zu erhalten, in denen er noch kein klares Urteil hatte. Um so mißlicher mag es ihm erschienen sein, daß diese neuen Gebiete in den Vorlesungen seines Physikprofessors am Polytechnikum, Heinrich Weber, nicht behandelt wurden. Wieder war der Autodidakt gefordert. Auf eigene Faust begann er die einschlägigen Schriften von Abraham und Föppl, Drude, Helmholtz, Kirchhoff, Boltzmann, Hertz und etwas später auch von Lorentz und Poincaré zu studieren.

> „So lernte ich allmählich, mit einem einigermaßen schlechten Gewissen in Frieden zu leben und mir das Studium so einzurichten, wie es meinem intellektuellen Magen und meinen Interessen entsprach. Einigen Vorlesungen folgte ich mit gespanntem Interesse. Sonst aber ‚schwänzte' ich viel und studierte zu Hause die Meister der theoretischen Physik mit heiligem Eifer." (Einstein 1987 ff., Bd. 1, 60 f.)

Unter den Vorlesungen, die Einstein „mit gespanntem Interesse" verfolgte, waren die von Professor Weber über die Wärme. Diese schienen ihm in der Tat so gut zu gefallen, daß er von ihnen in einigen Briefen an Mileva regelrecht schwärmte. Mileva Marić war die einzige fachnahe Kommilitonin, und die beiden fanden aneinander Gefallen.

Eine weitere Ablenkung war, daß Einstein großes Gefallen am Studium generale, also an den fachübergreifenden Veranstaltungen philosophischen, politischen oder ökonomischen Inhalts fand. Eine Veranstaltung dieser Art pro Semester war Pflicht, doch in diesem Falle tat Einstein mehr, als er mußte. Leider kollidierten auch diese allgemeinen Interessen zuweilen mit den Veranstaltungen in den Hauptfächern. Der Leiter des Physikalischen Praktikums, Professor Jean Pernet, war durch Einsteins häufiges Fehlen verärgert, und er ließ dem nachlässigen Studenten deswegen durch den Direktor des Polytechnikums einen förmlichen Verweis „wegen Unfleiß" erteilen. Als Endnote im Abgangszeugnis verpaßte er ihm eine 1 (was im deutschen System eine 6 bedeutet hätte). Dabei war Einstein häufiger in diesem für die Zeit vorzüglich ausgestatteten Physikalischen Laboratorium als gefordert, wenn auch nicht zu den Pflichtveranstaltungen. Auch die Mathematik, die am Polytechnikum mit Hurwitz und Minkowski hochkarätig vertreten war, wurde von Einstein sträflich vernachlässigt – so sehr, daß Minkowski den Studenten Einstein, den er allzu selten zu Gesicht bekam, einmal als „faulen Hund" tituliert haben soll.

Faul war Einstein keineswegs, im Gegenteil. Seine Interessen stimmten jedoch nicht mit dem akademischen Angebot überein – und er hatte in der Sicht Webers einen gravierenden Fehler: Er ließ sich nichts sagen. Mit anderen Worten, Weber hatte den Eindruck, tauben Ohren zu predigen und einem zwar klugen, aber auch sturen und uneinsichtigen Zeitgenossen gegenüberzustehen, der ihn zu seinem Verdruß auch noch mit „Herr Weber" und nicht mit „Herr Professor" anredete. Er revanchierte sich auf seine Weise. Als Einstein sich ein Experiment zur Prüfung der Bewegung von Materie relativ zum Äther ausgedacht hatte, das auf ähnlichen Überlegungen wie das *Michelson-Morley Experiment* beruhte, ließ er ihn abblitzen. Einstein konnte die Ressourcen des Physikalischen Laboratoriums nicht benutzen, das Experiment blieb ein Gedankenspiel.

Die Quittung für seine Methode des Studierens bekam Einstein nach seinem Diplomexamen. War er in der Zwischenprüfung mit der Durchschnittsnote 5,7 noch der beste unter fünf Kandidaten gewesen (wobei die Notenskala umgekehrt wie im deutschen System verlief), so hatte er im Abschlußexamen die schlechtesten Noten. Seine Diplomarbeit war eher schwach. Auf der schweizerischen Notenskala hatte er eine 4,5. Im Klartext war es vermutlich nicht „befriedigend bis gut", sondern eher „ausreichend bis befriedigend", denn Mileva Marić fiel mit einer Gesamtnote von 4,0 – nur eine halbe Note schlechter als Einsteins Diplomarbeit – bereits durch die Prüfung. Einsteins Gesamtnote war 4,91. Gegenüber dem Zwischenexamen war also ein klarer Leistungsabfall zu konstatieren, der auch seinen Lehrern auffallen mußte (Einstein 1987ff., Bd. 1, 214). Die schlechte Note von Einsteins Diplomarbeit mag dadurch erklärbar sein, daß sie ein Thema zum Gegenstand hatte, das für ihn „ohne irgendwelches Interesse“ war und eher einem der Forschungsschwerpunkte von Weber entsprach (Einstein 1987ff., Bd. 1, 244).

2. Das Genie ohne Stelle: Einstein als „frei schwebender“ Intellektueller

Einsteins Optimismus über seine universitären Karriereaussichten war durch die formal mäßigen Examensleistungen zunächst nicht erschüttert. „Ich [...] weiß, daß ich ein lustiger Fink bin und ohne einen verdorbenen Magen oder so was ähnliches gar kein Talent habe zu melancholischen Stimmungen“, schrieb er noch im Mai 1901 an Alfred Stern (Einstein 1987ff., Bd. 1, 296). In der Tat erhielten alle drei anderen Kandidaten Assistentenstellen am Polytechnikum. Einstein ging leer aus, obwohl er sich hintereinander bei allen Professoren, die überhaupt in Frage kamen, bewarb. Aber welcher Professor bietet einem Studenten, den er nur selten in seinen Veranstaltungen sah, dem es sichtlich an Eifer, aber auch an Respekt vor akademischen Autoritäten fehlte und der darüber hinaus nur mäßige Leistungen im Abschlußexamen erbracht hatte, eine Assistentenstelle an?

Nachdem die Hoffnungen auf eine Stelle in Zürich zerstoben waren, bewarb sich Einstein nach und nach bei allen Physikern an anderen europäischen Universitäten, die ihm namentlich bekannt waren, quasi im Postwurfverfahren, mit vorgedruckter Antwortkarte. „Bald werde ich alle Physiker von der Nordsee bis an Italiens Südspitze mit meinem Offert beehrt haben!“ schrieb er am 4. April 1901 an Mileva. Doch alle Bewerbungen waren umsonst. Niemand kannte ihn, er war nicht promoviert, und Referenzen hatte er nicht vorzuweisen. Einstein mußte sich mit dem Gedanken abfinden, keine Universitätsposition zu finden.

Jeder andere hätte in dieser Situation auch die Lust an der Wissenschaft verloren. Nicht Einstein! Sein Optimismus schien unverwüstlich, sein Selbstvertrauen unerschütterlich. „Gott schuf den Esel und gab ihm ein dickes Fell", schrieb er am 14. April 1901 an seinen Studienfreund Marcel Grossmann. Ungeachtet der deprimierenden materiellen Verhältnisse besaß er die Fähigkeit, sich immer wieder in sein „hohes Schloß Seelenruhe" (Einstein 1987ff., Bd. 1, 235), in dem es nur die Probleme der Physik gab, zurückzuziehen und aus diesem sicheren Refugium die Zuversicht zu schöpfen, die er brauchte, um seiner schwangeren Braut Mileva wiederholt aufmunternde Worte nach Neusatz (Novi Sad) zu schreiben. Dennoch scheint diese Phase des Kampfes ums Überleben eine seelische Narbe hinterlassen zu haben. Jahre später, als er bereits in Prag Professor war und vom Tode Heinrich Webers erfuhr, kommentierte er trocken, diese Nachricht sei gut für das Polytechnikum Zürich. Daß ihm die Türen zur Universität nach 1900 für viele Jahre verschlossen waren, lastete er ebenso wie das Scheitern seines ersten Promotionsversuchs über den *Thomson-Effekt* in erster Linie seinem früheren akademischen Lehrer der Physik an.

In den nächsten beiden Jahren schlägt er sich mühsam mit Nachhilfestunden, zwei Franken die Stunde, als Lehrervertreter und als Hauslehrer durch. Aus den ärmlichen Verhältnissen, in die er hineingeraten war, rettet ihn Marcel Grossmann, der mit ihm am Polytechnikum Examen gemacht hatte und der der erste war, der Einsteins Talent wirklich erkannt hatte. Grossmanns Vater kannte den Direktor des Patentamtes, Professor Friedrich Haller. Durch diese Vermittlung begünstigt, erhält Einstein schließlich nach regulärem Bewerbungsverfahren im Juni 1902 eine Stelle als Experte III. Klasse beim Eidgenössischen Amt für geistiges Eigentum (vulgo *Patentamt*) in Bern, die seine bürgerliche Existenz sichert. Viele Jahre später, nach dem Tod von Marcel Grossmann, bewertete Einstein in einem Brief an die Witwe diese glückliche Fügung der Dinge als „eine Art Lebensrettung, ohne die ich wohl zwar nicht gestorben, aber geistig verkümmert wäre" (Einstein, nach Hoffmann & Dukas 1978, 45f.). Die Empfehlung an Haller nannte Einstein „das Größte, was Marcel Grossmann als Freund für mich getan hat“ (a.a.O.).

Die neugewonnene finanzielle Sicherheit gestattete Einstein (gegen den erklärten Willen seiner Eltern) die Vermählung mit Mileva Marić, und sie ließ ihm auch nach acht Stunden täglicher Arbeit von Montag bis Samstag noch genügend Zeit zum Nachdenken über Probleme der Physik, und das war zunächst für ihn das Wichtigste. Nachdem er anfangs berichtet, er habe „ganz fürchterlich viel zu tun“, fand er seine Lage nach Ende der Einarbeitungszeit offensichtlich sehr komfortabel.

Erstaunlich, daß die Zeit der Unsicherheit Einsteins Gedankenfluß auf dem Felde der Physik nicht merklich unterbrochen hatte. 1901 publizierte er einen, 1902 sogar zwei Aufsätze in den *Annalen der Physik*, „Erstlingsarbeiten“, von denen er später zumindest den ersten beiden keine Bedeutung zumaß. Während seiner Tätigkeit als Hauslehrer in Schaffhausen verfaßte er eine Arbeit über die kinetische Theorie der Gase, die er noch im gleichen Jahr als Dissertation an der Universität Zürich einreichte. Offenbar hatte er auch jetzt noch seine Chancen falsch eingeschätzt, denn das Vorhaben mißlang. Einstein zog den Antrag zurück und holte die bereits eingezahlte Promotionsgebühr wieder ab. Nach der abgebrochenen Arbeit bei Weber war dies bereits der zweite gescheiterte Promotionsversuch.

Dies war bis zum Durchbruch des Jahres 1905 auch Einsteins letzter Versuch, Zutritt zur akademischen Welt zu finden. In den nächsten drei Jahren arbeitete er ungeachtet seiner etwas randständigen Lage auf den eingeschlagenen physikalischen Pfaden kontinuierlich weiter. Diese Lage hatte Vor- und Nachteile. Zu den Vorteilen zählte, daß er in keinen akademischen Lehrbetrieb eingebunden war, der ihn zwang, tagaus, tagein, Semester für Semester, prüfungsrelevanten Standard-Lehrstoff zu vermitteln. Er trug auch nicht die Bürde, täglich mit Kollegen Umgang pflegen zu müssen, die die gleichen fachlichen Vorurteile hegten wie er. Er unterlag keinem Publikationsdruck, besuchte keine Kongresse und hielt auch keine Vorträge an auswärtigen Instituten. Der Mechanismus von sozialem Druck und wechselseitiger Bestätigung, der zur Festigung von Dogmen und zum Herunterspielen von Schwierigkeiten führt, war somit bei Einstein ohne Wirkung. Er war vom Informationsfluß des Faches nicht völlig abgeschnitten, aber dieser erreichte ihn oft verspätet und sehr selektiv. Die relevanten Zeitschriften und Monographien waren nicht immer verfügbar, wenn er sie brauchte. Dies konnte ein Nachteil sein, wenn man konkrete Daten oder Meßergebnisse nachschlagen mußte. Einstein beklagte sich denn auch über die für ihn ungünstigen Öffnungszeiten der Physikalischen Bibliothek. Doch dieser Nachteil versetzte ihn in die Lage, dort selbst nachdenken und sich ein eigenes Bild machen zu müssen, wo die Quellen nicht zur Hand waren. Anders formuliert, er war in einer Situation, in der

- er nur zum Teil mit den vorherrschenden Lehrmeinungen in Berührung kam,
- er auf dem Gebiet der Physik nicht in ein soziales Netz eingebunden war, das den üblichen Konformitätstribut einfordern würde,
- er nicht täglich Dinge lehren mußte, die er für langweilig, unwichtig oder fragwürdig hielt, nur weil sie auf dem Lehrplan standen,
- er über die Schwachstellen der physikalischen Theorie und die besten Ansatzpunkte für ihre Verbesserung ohne Zwang und Verpflichtung nachdenken konnte.

Einstein war nicht an einer Universität, aber er war dennoch nicht isoliert. Es war wichtig für ihn, Gesprächspartner zu finden, die auf der gleichen Wellenlänge lagen und mit denen er sich über menschliche, politische und fachliche Probleme gleichermaßen unterhalten konnte. Hier kam wieder der Zufall zu Hilfe. Auf seine Annonce betreffs Nachhilfestunden meldete sich ein rumänischer Jude namens Maurice Solovine, der in Bern studieren wollte. Beide fanden einander sympathisch und anregend. Einstein hatte zwar keinen Nachhilfeschüler, aber einen neuen Freund gewonnen. Zu dem Duo stieß der Mathematiker Conrad Habicht, den Einstein von Schaffhausen her, aus seiner Zeit als Privatlehrer, kannte und der zur gleichen Zeit wie er in Zürich Philosophie studiert hatte. Das Trio Einstein-Solovine-Habicht arrangierte regelmäßige Treffen und gab sich, um die Sache in eine Form zu bringen, auch einen Namen: „Akademie Olympia“. Auf den regelmäßigen wöchentlichen Treffen, zu denen hin und wieder andere hinzukamen, diskutierte man grundlegende Werke der neueren Naturphilosophie und der Erkenntnislehre: Karl Pearsons *Grammatik der Wissenschaft*, Ernst Machs *Analyse der Empfindungen* sowie dessen *Mechanik* und Teile der *Logik* von John Stuart Mill. Auf besonderes Interesse stießen Henri Poincarés Werk *La science et l'hypothèse* und die skeptizistische Erkenntnislehre von David Hume. Auch Richard Avenarius' *Kritik der reinen Erfahrung*, Dedekinds *Was sind und was sollen die Zahlen?*, Riemanns *Hypothesen, welche der Geometrie zu Grunde liegen*, Werke von Ampère, Helmholtz, Clifford und Platon wurden behandelt. Zwei Jahre lang hatte die „Akademie Olympia“ Bestand; dann zogen Solovine und Habicht aus Bern fort, und die Akademie wurde wegen Inaktivität ihrer Mitglieder von ihrem Vorsitzenden Einstein (genannt Steißbein) stillgelegt.

Haben diese Diskussionen auf Einsteins Denken irgendeinen Einfluß genommen? Diese Frage ist schwer zu beantworten. Was man anhand der Einsteinschen Arbeiten zeigen kann, ist eine hohe Sensibilität für methodische und erkenntniskritische Fragen. In einem Brief an Moritz Schlick vom 14. Dezember 1915 räumt Einstein ein, daß der Positivismus, im besonderen Mach und vor allem Hume, „dessen Traktat über den Verstand ich kurz vor Auffindung der Relativitätstheorie studierte [...] von großem Einfluß auf meine Bestrebungen gewesen ist [...] Es ist gut möglich, dass ich ohne diese philosophischen Studien nicht auf die Lösung gekommen wäre“ (Einstein 1987 ff., Bd. 8 A, 220). Es scheint auch, als habe Einstein aus seinen wissenschaftsphilosophischen Studien gewisse heuristische Zielvorstellungen gewonnen, die die Richtung der Entwicklung der physikalischen Theorie betrafen: Integriere vorher getrennte Bereiche durch eine gemeinsame Theorie! Verzichte auf „überflüssige" Wesenheiten, denen kein empirischer Sinn zukommt! Suche nach einem einfachen und klaren Prinzip! Betrachte eine Sache oder ein Problem von einem neuen und ungewohnten Standpunkt!

Lewis Feuer hat in einem längeren Aufsatz über die „sozialen Wurzeln von Einsteins Relativitätstheorie" die Ansicht vertreten, daß das spezifische Milieu, in dem Einstein in Zürich und Bern lebte, die Entwicklung revolutionärer Ideen gefördert haben muß. Die Schweiz war damals ein Zufluchtsort vieler Verfolgter, von denen viele jüdische oder sozialistische Intellektuelle aus Rußland, Osteuropa und Deutschland waren: Lenin, Plechanow, Trotzki, Rosa Luxemburg, Alexandra Kollontay u.v.a. Nach Chaim Weizmann war die Schweiz zur Jahrhundertwende der Ort, an dem sich revolutionäre Kräfte aus ganz Europa zusammenfanden (Feuer 1971, 279). Einstein sei, begünstigt durch seinen jüdischen Hintergrund, durch die liberalrepublikanische Umgebung, aber auch durch persönliche Bekanntschaften, Teil der jüdisch-sozialistischen Bohème geworden, eines sozial marginalen Milieus, das anti-bürgerlich, anti-klerikal, moralisch unkonventionell und in der einen oder anderen Weise umstürzlerisch gesinnt war. Dies habe die Entwicklung seiner radikalen physikalischen Ideen entscheidend gefördert. Diese attraktive Hypothese wird durch einige Fakten gestützt. Maurice Solovine und Friedrich Adler, beide gute Bekannte von Einstein, können sicherlich dem geschilderten Milieu zugerechnet werden, vielleicht auch Michele Besso. Richtig ist auch, daß Einstein – so wie viele zeitgenössische Intellektuelle – sozialistische Ideale vertrat, wenngleich diese eher auf der Einstellungs- als auf der Vernunftebene angesiedelt waren.

Natürlich kann diese Hypothese nicht wirklich die Entstehung der Relativitätstheorie erklären. Um sie hervorzubringen, mußten viele Bedingungen zusammenkommen – persönliche, sachliche und vielleicht auch soziale. Wir haben gezeigt, auf welchen Wegen Einsteins frühes Denken sich entwickelt hat und welchen Arbeitsstil er als den für ihn günstigsten entdeckt hatte. Wenn das jüdisch-sozialistische Bohème-Milileu Zürichs um die Jahrhundertwende einen günstigen Einfluß auf die Ausbildung unkonventioneller physikalischer Denkwege und Sichtweisen bei Albert Einstein hatte, so war es zumindest auch mitverantwortlich dafür, daß ihn diese Einstellung zunächst aus dem Kreis der akademischen Wissenschaftler katapultiert hatte.

3. Umweg und Irrwege: Einstein als Suchender

Wenn wir die Denkwege Einsteins verstehen und nachvollziehen wollen, dann müssen wir wissen, von welchen Informationen und Theorien er ausging, welche Quellen er benutzte, wie er die Stärken und Schwächen der wichtigsten physikalischen Theorien seiner Zeit beurteilte, wo er die zentralen Probleme sah, wie er die Verbesserungsversuche anderer Physiker bewertete, welche allgemeinen Gesichtspunkte, Prinzipien und Regeln er bei der Ausarbeitung seiner eigenen Lösungsvorschläge benutzte. Mit anderen Worten, wenn wir verstehen wollen, wie und warum Einstein zur speziellen Relativitätstheorie, zur Lichtquantenhypothese und zur Theorie der Brownschen Bewegung kam, müssen wir versuchen, uns auf seinen Standpunkt zu stellen und die physikalische Welt mit seinen Augen zu sehen.

Offenbar ist dies nicht in vollem Umfang möglich. Unsere Information über das, was Einstein zu jener Zeit wußte, was ihn antrieb und motivierte, welche Ziele und Strategien er verfolgte, ist begrenzt durch die Qualität und Reichhaltigkeit der historischen Quellen. Darüber hinaus ist es ein riskantes Unterfangen, sich in einen Geist von großer Potenz und Kreativität hineinversetzen zu wollen, um seine Arbeitsweise und die Genese seiner Produkte „aus der Innenperspektive" zu begreifen. Wir können nur versuchen, uns durch umsichtige Interpretation der Quellen so nah wie möglich an das Original zu halten.

Bereits vor der Aufnahme des Studiums am Polytechnikum hatte Einstein aus eigenem Antrieb 1895 eine dreiseitige Arbeit „Über die Untersuchung des Aetherzustandes im magnetischen

Felde“ verfaßt, die er seinem Onkel, Caesar Koch, zur Begutachtung schickte (Einstein 1987ff., Bd. I., 6–9). Natürlich stößt die Arbeit des Sechzehnjährigen noch nicht an die Grenze der damaligen Physik vor, doch sie ist ein Indiz für eine bemerkenswerte Konstanz seiner Interessen ab dieser Zeit und für sein Bemühen um ein Verständnis der vielleicht merkwürdigsten Entität (d. h. als seiend angenommenen Dinges) der zeitgenössischen Physik, jenes unsichtbaren, alles durchdringenden Fluidums, das man Äther nannte. Vielleicht ist dieses Interesse durch den familiären Hintergrund, die elektrotechnische Firma „Einstein & Cie.“ geweckt worden. Vielleicht ist es auch die späte Folge eines frühen Schlüsselerlebnisses. 1884 erhielt Einstein von seinem Vater einen Kompaß geschenkt. Es faszinierte den Fünfjährigen, daß die Nadel ungeachtet äußerer Störungen immer in die gleiche Richtung zeigt. Er grübelte über die verborgenen Kräfte nach, die die Nadel zu diesem Verhalten zwingen.

Vier Jahre nach seiner „Erstlingsarbeit“, gegen Ende seines Studiums am Polytechnikum, scheinen seine Gedanken zur elektromagnetischen Theorie des Lichts erstmals jene Richtung zu finden, die 1905 zur speziellen Relativitätstheorie führen wird. Im August 1899 schrieb er an Mileva:

> „Es wird mir immer mehr zur Überzeugung, daß die Elektrodynamik bewegter Körper, wie sie sich gegenwärtig darstellt, nicht der Wirklichkeit entspricht, sondern sich einfacher wird darstellen lassen. Die Einführung des Namens ‚Äther‘ in die elektrischen Theorien hat zur Vorstellung eines Mediums geführt, von dessen Bewegung man sprechen könne, ohne daß man wie ich glaube, mit dieser Aussage einen physikalischen Sinn verbinden kann. Ich glaube, daß elektrische Kräfte nur für den leeren Raum direkt definierbar seien […] Ferner werden elektrische Ströme nicht als ‚Verschwinden elektrischer Polarisation in der Zeit‘, sondern als Bewegung wahrer elektrischer Massen aufzufassen sein, deren physikalische Realität die elek-

trochemischen Äquivalente zu beweisen scheinen". (Einstein 1987ff., Bd. 1, 226)

Zwei Monate später, im Oktober 1899, spinnt er das Thema in einem Brief an Mileva in einer anderen Richtung fort. Er habe seine „Überlegungen über das Studium der Elementargesetze der Thermoelektrizität beendigt" und sich „eine Methode von großer Einfachheit ausgedacht, um zu entscheiden, ob die latente Wärme in Metallen auf Bewegung der ponderablen [also wägbaren] Materie oder der Elektrizität zurückzuführen ist, bzw. ob ein elektrisch geladener Körper eine andere spezifische Wärme hat als ein ungeladener" (Einstein 1987ff., Bd. 1, 238). Auch beim Thomson-Effekt, den sich Einstein nach dem Diplom als Thema einer Dissertation gewählt hatte, ging es um den Zusammenhang von Wärme und Elektrizität. Um die Prozesse besser zu verstehen, die sich auf der Ebene der kleinsten Bestandteile der Stoffe abspielen, wenn wir auf der makroskopischen Ebene von elektrischen Erscheinungen oder von Wärmephänomenen sprechen, studierte Einstein Boltzmanns *Vorlesungen über Gastheorie.* Er fand die Arbeiten „großartig" und konstatiert:

> „Ich bin fest von der Richtigkeit der Prinzipien der Theorie überzeugt, das heißt ich bin überzeugt, daß es sich wirklich um Bewegung diskreter Massenpunkte von bestimmter endlicher Größe bei den Gasen handelt, die sich gemäß gewissen Bedingungen bewegen. Boltzmann betont sehr richtig, daß die hypothetischen Kräfte zwischen den Molekülen kein wesentlicher Bestandteil der Theorie seien, da die ganze Energie kinetischer Art sei". (Einstein 1987ff., Bd. 1, 260f.)

Man kann spekulieren, daß Einstein diese Voraussetzung ein Jahr später in seinem zweiten Dissertationsprojekt angriff, weil sein Betreuer, Professor Kleiner, seine Unterstützung zurückzog, um sich keinen Ärger mit dem großen Boltzmann einzuhandeln. In den drei Arbeiten zur statistischen Mechanik, die Einstein 1902, 1903 und 1904 veröffentlichte, habe er, so erklärte er seinem Freund Marcel Grossmann im April 1904, „die atomistische Wärmelehre ohne die kinetische Hypothese" behandelt (Einstein 1987ff., Bd. 5, 25).

Um seine Kenntnis auf elektrochemischem Gebiet zu erweitern, studiert Einstein die Arbeiten von Wilhelm Ostwald; er war „entzückt über die Erfolge, die man in diesem Gebiet in den letzten 30 Jahren errungen hat [...] Das aller Prachtvollste ist die Ionentheorie, welche sich in den verschiedensten Gebieten glänzend bewährt hat" (Einstein 1987ff., Bd. 1, 267). Diese Methode bleibt charakteristisch für die Arbeitsweise von Einstein. Wenn er ein Problem entdeckt hat, versucht er es von allen Seiten zu betrachten, um den erfolgversprechendsten Zugang zu finden. Dabei findet er oft überraschende Ähnlichkeiten in den Schwierigkeiten, mit denen scheinbar ganz unterschiedliche Disziplinen zu kämpfen haben, Schwierigkeiten, die sich bei näherer Analyse als Probleme gleicher Kategorie erweisen. Der Schlüssel zu ihrer Auflösung ist die Einführung eines neuen, übergeordneten Gesichtspunktes oder Prinzips, dessen Anwendung im Erfolgsfall zur Konstruktion einer allgemeineren Theorie führt.

Die Theorie, die in diesem Fall herauskommt, ist noch von bescheidenem Format. Es ist nämlich eine Arbeit über die Potentiale der Molekularkräfte, in der Daten über Siedetemperaturen, Verdampfungswärme, Kapillarität und Kompressibilität zur Bestimmung der Potentiale benutzt werden. Die Daten entnahm Einstein der *Allgemeinen Chemie* von Ostwald sowie dem Tabellenwerk von Landolt und Börnstein (Einstein, Folgerungen aus den Capillaritätserscheiungen, in: Einstein 1987ff., Bd. 2, 10ff.). Dies war Einsteins erste Publikation, die er sogleich in der damals renommiertesten Zeitschrift *Annalen der Physik* (vorher *Wiedemanns Annalen*) plazieren konnte. Sie erschien 1901.

Im März 1901 schreibt er an Mileva, ihm sei „eine originelle Idee gekommen. Es scheint mir nämlich nicht ausgeschlossen, daß die latente kinetische Energie der Wärme in festen Körpern und Flüssigkeiten als elektrische Resonatorenenergie auffaßbar sei. Es müßten dann spezifische Wärme und Absorptionsspektrum der Körper zusammenhängen" (Einstein 1987 ff., Bd. 1, 279). Der Zusammenhang zwischen Temperatur und Strahlungsvorgang wird auch im nächsten Brief an Mileva, vier Tage später, thematisiert. Einstein zieht Schlüsse aus seinen Überlegungen, die sich empirisch prüfen lassen. „Ich brenne vor Begier, mich da hineinzuarbeiten, da ich hoffe, daß sich ein gewaltiger Schritt zur Erforschung der Natur der latenten Wärme wird machen lassen" (Einstein 1987 ff., Bd. 1, 283). Am 4. April 1901, offenbar nachdem die Nachrichten über Plancks „Quantenstreich" vom Dezember 1900 nach Zürich gedrungen waren, schreibt er seiner Braut:

> „Gegen die Studien über die Strahlung von Max Planck sind mir prinzipielle Bedenken aufgestiegen [...] Dagegen habe ich von Paul Drude eine Studie über Elektronentheorie in Händen, welche mir ganz aus der Seele geschrieben ist, obwohl sie große Schlampereien enthält. Der Drude ist ein genialer Kerl, das ist zweifellos. Er setzt auch voraus, daß es vorzugsweise negative elektrische Kerne sind ohne ponderable Masse, welche die thermischen und elektrischen Erscheinungen in Metallen bedingen, gerade wie mirs noch kurz vor meiner Abreise von Zürich vorgeschwebt ist." (Einstein 1987 ff., Bd. 1, 284 f.)

Sechs Tage später berichtet er aus Mailand an Mileva, er habe Elektrochemie und Reaktionschemie anhand eines Buches von Ostwald studiert. Er erklärt seine Vorbehalte gegen Plancks Resonatorenidee und verweist wieder auf Drudes Elektronentheorie, die „eine kinetische Theorie der elektrischen und Wärmeerscheinungen in Metallen, ganz im Sinne der Gastheorie sei. Wenn nur der dumme Magnetismus nicht wäre, mit dem wir so wenig anzufangen wissen!" Von seiner Idee über das Wesen der latenten Wärme in festen Körpern als elektrische Resonatorenenergie sei er wieder abgekommen, erklärt er weiter – wohl eine Folge seiner Kritik an Planck, „weil eben meine Anschauungen über die Natur der Strahlung wieder ins Meer der Unklarheit zurückgesunken sind" (Einstein 1987 ff., Bd. 1, 287). Am 30. April 1901 studierte er wieder Boltzmanns Gastheorie, kommt dabei jedoch nicht weiter. „Alles ist sehr schön, aber zu wenig Wert gelegt auf den Vergleich mit der Wirklichkeit" (Einstein 1987 ff., Bd. 1, 294).

Auch die Entstehung des Lichts ist wieder „ins Meer der Unklarheit zurückgesunken". Er spekuliert, ob dabei wohl „eine direkte Verwandlung von Bewegungsenergie in Licht stattfinde [...] Wer weiß, wann durch diese harten Berge ein Tunnel gebaut wird!" (Einstein 1987 ff., Bd. 1, 295). „Heute saß ich 2 Stunden am Fenster und dachte darüber nach, wie man das Wirkungsgesetz der Molekularkräfte bestimmen könne", berichtet er im Mai an Mileva, um in seinem nächsten Brief mit Begeisterung von einem Artikel „eines Holländers" zu berichten, in dem er „eine zahlenmäßige Bestätigung [...] für die Grundprinzipien der Elektronentheorie fand, welche mich in wahres Entzücken versetzte und mich vollkommen von der Elektronentheorie überzeugt" (Einstein 1987 ff., Bd. 1, 304).

Einstein ist Feuer und Flamme für die neuesten Ergebnisse der Physik, und er beklagt sich darüber, daß am Technikum (er vertritt gerade für zwei Monate einen Lehrer, der Militärdienst leistet) leider keiner ist, „der in der modernen Physik auf der Höhe ist & ich habe schon alle ohne Erfolg angezapft. Ob ich wohl auch so denkfaul würde, wenn es mir einmal gut ginge?" (Einstein 1987 ff., Bd. 1, 305). Da ihm die direkten Gesprächspartner fehlen, versucht er briefliche Verbindung mit lohnenden Partnern herzustellen, womit er auch den Hintergedanken verbindet, durch neue Kontakte vielleicht seine materielle Lage verbessern zu können. Er schreibt an Drude, dessen Buch ihn so begeistert hatte, um „zwei Einwände gegen seine Elektronentheorie" vorzubringen. „Er wird wohl kaum was vernünftiges einzuwenden haben, da die Sachen sehr einfach liegen. Ich bin furchtbar neugierig, ob und was er antwortet. Natürlich hab ich ihm auch zu verstehen gegeben, daß ich stellenlos bin [...]" (Einstein 1987ff., Bd. 1, 306).

Doch die akademische Physik zeigt ihm abermals die kalte Schulter. „Eben komme ich von Lenzburg heim & finde diesen Brief von Drude, der für die Erbärmlichkeit seines Schreibers ein so untrüglicher Beweis ist, daß ich keine Erklärung hinzuzufügen brauche. Ich werde mich von nun an an keinen solchen Kerl mehr wenden, sondern ihn rücksichtslos in Zeitschriften angreifen, wie ers verdient. Es ist kein Wunder, wenn man nach und nach Menschenverächter wird" (Einstein 1987ff., Bd. 1, 308, vgl. auch 310). Er ist offenbar deprimiert und faßt einen Entschluß: „Ich suche mir eine, wenn auch noch so ärmliche Stelle sofort. Meine wissenschaftlichen Ziele und meine persönliche Eitelkeit werden mich nicht davon abhalten, die untergeordnetste Rolle zu übernehmen" (a.a.O.).

Mileva ist entzückt über diese Aussichten, denn sie ist schwanger. Doch sie ist auch besorgt, weil sie ihren Albert und seinen unstillbaren Drang zur Wissenschaft kennt. Sie kennt noch ein anderes Problem: „Du weisst mein Schatz hat ein sehr böses Maul und ist obendrein ein Jude", schreibt sie im Dezember 1901 an Helene Savić (Einstein 1987ff., Bd. 1, 320). Einstein nimmt nun eine Stelle als Privatlehrer in Schaffhausen an und zieht um. Im November scheint er wieder guter Dinge zu sein und berichtet, er studiere in seiner freien Zeit Woldemar Voigts Buch über theoretische Physik. Zwei Wochen darauf schreibt er über eine wichtige Idee zu den Molekularkräften, die ihm gekommen sei. Wenn sie sich als wahr erweisen würde, „wärs mit der molekulartheoretischen Theorie der Flüssigkeit aus und amen" (Einstein 1987ff., Bd. 1, 324). Eine Woche später erfolgt der erste Hinweis auf jene Arbeit, in der nach weiteren drei Jahren seine Überlegungen zur Elektrodynamik bewegter Körper, die später als „spezielle Relativitätstheorie" bezeichnet wurden, zusammengefaßt werden sollten. „Ich arbeite eifrigst an einer Elektrodynamik bewegter Körper, welches eine kapitale Abhandlung zu werden verspricht" (Einstein 1987ff.,

Bd. 1, 326). Doch die Umstände sind nicht günstig. Einstein will Professor Kleiner dazu bewegen, „daß er mich arbeiten läßt in den Weihnachtsferien (vermutlich im Labor und in der Bibliothek – K. F.). Will sehen, ob ichs durchsetze. Was diese alten Philister einem, der nicht von ihrer Sorte ist, alles in den Weg legen, ist wirklich schauderhaft. So einer betrachtet jeden jungen intelligenten Kopf instinktiv als eine Gefahr für seine morsche Würde [...] Wenn Diogenes heutzutage lebte, würde er mit seiner Laterne einen *anständigen* Menschen umsonst suchen" (Einstein 1987 ff., Bd. 1, 326).

Doch sein Bild von Kleiner verbessert sich schlagartig, nachdem er mit ihm gesprochen hat, und auch der negative persönliche Eindruck von Drude hält ihn nicht davon ab, in den Weihnachtsferien zu studieren, was dieser und Lorentz über die Elektrodynamik bewegter Körper geschrieben haben. Sein Brief gibt einen schlaglichtartigen Einblick in die rasante Entwicklung der Physik in den anderthalb Jahrzehnten vor der Jahrhundertwende. Ein Buch über die Theorie des Äthers aus dem Jahre 1885 kommt ihm vor, „als ob es aus dem Altertum käme, so veraltet sind die Anschauungen. Da sieht man, wie schnell jetzt das Wissen sich entwickelt" (Einstein 1987 ff., Bd. 1, 330). Aus der geplanten Promotion bei Professor Kleiner wird, wie schon gesagt, dennoch nichts, weil Kleiner die scharfe Kritik Einsteins an Boltzmann offenbar nicht akzeptieren kann. Einstein zieht daraufhin die Arbeit wieder zurück und läßt sich die bereits eingezahlte Promotionsgebühr zurückerstatten. Im April 1902, zwei Monate bevor er die Stelle am Patentamt bekam, schickt Einstein seinen zweiten Artikel an die *Annalen*, in dem er die Argumente des ersten bezüglich der Molekularkräfte anhand dissoziierter Lösungen erweitert. Bis zum Jahre 1905, also bereits als „Patentierknecht", hatte er einige der Ergebnisse, die Willard Gibbs 1902 in seinen *Elementary Principles in Statistical Mechanics* veröffentlicht hatte, unabhängig entdeckt und in drei weiteren Aufsätzen in den *Annalen* publiziert. Da Einstein nicht gut Englisch las, bekam er die Gibbsschen Ergebnisse erst zu Gesicht, als

1905 die deutsche Übersetzung erschien. „Wenn mir das Gibbssche Buch damals bekannt gewesen wäre, hätte ich jene Arbeiten überhaupt nicht publiziert, sondern mich auf die Behandlung einiger weniger Punkte beschränkt", so kommentiert er im Jahre 1911 (Einstein 1987 ff., Bd. 2, 44). Dennoch zeigen die drei Arbeiten zur statistischen Mechanik, daß Einstein bei der Entwicklung physikalischer Theorien jetzt an vorderster Front mitmischte.

4. Der Patent-Experte III. Klasse zeigt den Professoren, „wo der Herrgott sitzt“

Wir haben anhand seiner Briefe gesehen, daß Einsteins Gedanken seit der Zeit am Polytechnikum um verschiedene offene Fragen der physikalischen Theorie kreisten:

- Waren die Atome nun real, wie Boltzmann annahm, oder waren sie mathematische Fiktionen, wie Ostwald und Mach glaubten?
- Welche Möglichkeiten gab es, die absolute Größe von Atomen und Atomkomplexen bzw. Molekülen zu messen?
- Was waren die Konsequenzen dieser Entscheidung über die Realität von Atomen für die Thermodynamik? Konnte man den zweiten Hauptsatz der Thermodynamik, also die Behauptung, daß Wärme nie von einem kälteren zu einem wärmeren Gegenstand fließt, damit besser begründen?
- Galt dieser Satz wirklich absolut, oder war es eine statistische Aussage, die für den einzelnen Grundvorgang nicht unbedingt zutreffen mußte? Welche Minimalannahmen reichten aus, um diese Aussage zu begründen?
- Was war die Ursache von Elektrizität und Magnetismus auf der Mikroebene? Welche Rolle spielten die Elektronen und ihre Bewegungszustände?
- Wie waren die latenten Widersprüche zwischen Mechanik und Elektrodynamik aufzulösen? Die Sätze der Mechanik waren vom Bewegungszustand des Bezugssystems unabhängig, während die der Elektrodynamik je nachdem, ob man den Leiter oder den Magneten bewegte, anders zu interpretieren waren (obwohl die rechnerischen Ergebnisse gleich blieben).
- Gab es den Äther wirklich? Oder war dieser nur eine gedankliche

Fiktion, die man einst zum Zwecke des besseren Verständnisses der elektrischen Prozesse eingeführt hatte, die aber jetzt zum Hemmnis weiteren Fortschritts geworden war?

- War das Energiequantum, das Max Planck vor kurzem (im Jahre 1900) eingeführt hatte, um die Formel für die Schwarzkörperstrahlung den empirischen Messungen anzugleichen, nur eine rechnerische Fiktion, wie er selbst annahm, oder hatte es eine reale Existenz? Wenn letzteres, welche Bedeutung hatte es dann außerhalb dieses speziellen Anwendungsbereichs? Galt es gar für alle energetischen Prozesse? Ein Umsturz im Weltbild der Physik würde sich ereignen, wenn dies der Fall war!
- Wo sollte man nach Lösungen für die gegenwärtigen Probleme der Naturerklärung suchen? Gab die Wissenschaftsgeschichte Hinweise? Die Wissenschaftstheorie? Oder gar die Philosophie?

Fragen über Fragen. Man konnte ein Leben damit verbringen, erfolglos über eine von ihnen nachzudenken, wenn man sie falsch anging. Entscheidend war der richtige Ansatzpunkt. Einstein hatte ein feines Gespür für die wunden Punkte der gegenwärtig akzeptierten physikalischen Theorie, und er hatte nicht die geringsten Bedenken, ehrwürdige Lehrmeinungen, die er für unbegründete Dogmen hielt, fallenzulassen.

Dies zeigte Einstein mit aller Deutlichkeit in den nächsten drei größeren Arbeiten, die er in den *Annalen der Physik* veröffentlichte. Inzwischen zählte Einstein aufgrund seiner vorangehenden Publikationen auch zu den festen Mitarbeitern der „Beiblätter zu den Annalen der Physik“, die vor allem Besprechungen enthielten. Auch wenn man die 21 Rezensionen, die oft nur wenige Zeilen lang sind, unberücksichtigt läßt, so signalisieren die drei erwähnten größeren Arbeiten sowie der kürzere, aber wichtige Artikel „Ist die Trägheit eines Körpers von seinem Energieinhalt abhängig?“ eine wahre Explosion an Kreativität. Hinzu kam, daß Einstein in diesem Jahr auch noch seine Dissertation mit dem Thema „Eine neue Bestimmung der Moleküldimensionen“ verfaßte und einreichte.

Der „Patentierknecht III. Klasse“ hatte sich darangemacht, den Physikprofessoren, die ihm lange genug Steine in den Weg gelegt und ihn von oben herab behandelt hatten, zu zeigen, „wo der Herrgott sitzt“. „Denen werden wir schon zeigen, wo der Herrgott sitzt“, dies war ein geflügeltes Wort, das man dem Leiter des Patentamtes, Professor Haller, zuschreibt. Es geht wohl zurück auf dessen Erfahrungen mit impertinenten Erfindern, die sich für genialer halten, als sie wirklich sind.

Offenbar hatte Einsteins Nachdenken über die grundlegenden Probleme der Physik einen Punkt erreicht, an dem der Knoten platzte und vieles von dem, was ihn jahrelang beschäftigt hatte, plötzlich an seinen Platz fiel. Die Frage nach der Existenz, der Größe und der Bewegung der Atome und Moleküle, die Frage nach der Bedeutung der Quanten, die Elektrodynamik bewegter Körper mit dem damit zusammenhängenden Problem des Äthers, in jedem dieser Bereiche begann sich der Nebel zu lichten und ein klares Bild freizugeben. Mitte Mai 1905 schrieb Einstein an Conrad Habicht:

> „Ich verspreche Ihnen vier Arbeiten [...], von denen ich die erste in Bälde schicken könnte, da ich die Freiexemplare baldigst erhalten werde. Sie handelt über die Strahlung und die energetischen Eigenschaften des Lichtes und ist sehr revolutionär, wie Sie sehen werden [...]. Die zweite Arbeit ist eine Bestimmung der wahren Atomgröße aus der Diffusion und inneren Reibung der verdünnten flüssigen Lösungen neutraler Stoffe. Die dritte beweist, daß unter Voraussetzung der molekularen Theorie der Wärme in Flüssigkeiten suspendirte Körper von der Größenordnung 1/1000 mm bereits eine wahrnehmbare ungeordnete Bewegung ausführen müssen, welche durch die Wärmebewegung erzeugt ist; es sind Bewegungen lebloser kleiner suspendirter Körper in der That beobachtet worden von den Physiologen, welche Bewegungen von ihnen ‚Brownsche Molekularbewegung‘ genannt wird. Die vierte Arbeit liegt erst im Konzept vor

und ist eine Elektrodynamik bewegter Körper unter Benützung einer Modifikation der Lehre von Raum und Zeit." (Einstein 1987 ff., Bd. 5, 31)

Die vier Arbeiten (die zweite ist seine Dissertation), deren Inhalt Einstein in seinem Brief kurz schildert, sind Früchte, oder besser Teilresultate jahrelangen Nachdenkens. Es geht um die faktischen Beweise für die Existenz und die Größe der Atome, um die Elektrodynamik bewegter Körper sowie um die Natur der Strahlung, insbesondere des Lichts. Die beiden letzten Themen haben eine gemeinsame Wurzel: Es geht um die Herausarbeitung „formaler Unterschiede" zwischen der mechanischen und der elektromagnetischen Theorie und um die Möglichkeiten ihrer Beseitigung. Es handelte sich also um nicht weniger als um den kombinierten Versuch, Widersprüche zwischen Mechanik und Elektromagnetismus auszuräumen und die beiden Pfeiler der zeitgenössischen Physik auf ein gemeinsames Fundament zu stellen. Dieses Vorhaben ist Einstein nur zum Teil gelungen. Die Vereinheitlichung von Mechanik und Elektromagnetismus glückte, aber das Resultat war kein endgültiges, wie Einstein bald merkte. Es blieben Disharmonien im System erhalten, deren Beseitigung ihn dann 1916 zur allgemeinen Relativitätstheorie führte. Im Falle der Strahlungstheorie kam er nicht zu einem auf Dauer haltbaren Lösungsvorschlag. Die Bemühungen um eine bessere Theorie führten schließlich 1926 zur neuen akausalen Quantentheorie von Bohr, Heisenberg, Born, Jordan, Pauli und Dirac, deren Konsequenzen Einstein nicht mehr akzeptieren konnte. Die Unstimmigkeiten zwischen den beiden Vereinheitlichungsfeldern waren von Anfang an sichtbar und sind es im Grunde bis heute geblieben.

a. Atome und Quanten

Das Thema Atomismus hat Einstein bereits seit seiner Beschäftigung mit der statistischen Gastheorie bewegt. Hier gab es den lange schwelenden Konflikt zwischen den Atomisten, vertreten durch Ludwig Boltzmann, und den Antiatomisten, verkörpert durch den Empiristen Ernst Mach und den „Energetiker" Wilhelm Ostwald. Direkte Beweise für die Existenz jener kleinsten Bestandteile der Materie, die erstmals in der Antike von Leukipp und Demokrit behauptet wurde, lagen bisher nicht vor. Die Argumente für sie waren theoretischer Natur und gründeten sich auf ihre Nützlichkeit beim Aufbau der statistischen Thermodynamik. Auch die Chemiker hatten bereits seit vielen Jahrzehnten erkannt, daß sich Substanzen nur in bestimmten Proportionen miteinander verbinden. Dies war am einfachsten damit zu erklären, daß sich kleinste, nicht weiter zerteilbare Partikel der einen mit Partikeln der anderen Substanz kombinieren.

Einstein war von den theoretischen Argumenten zugunsten der Atome überzeugt und fragte sich, wie man die Zweifler bekehren konnte. Wenn es die Atome wirklich gab, dann mußte es doch direktere Beweise für ihre Existenz geben. Vielleicht konnte man mit einigem Nachdenken sogar Experimente ersinnen, mit deren Hilfe ihre wahre Größe zu bestimmen war. Ausgehend von der statistischen Thermodynmik untersuchte er zu diesem Zweck ein interessantes Phänomen, das den Fachleuten als „Brownsche Bewegung" bekannt war. Dies war eine Art Zickzack- oder Zitterbewegung sehr kleiner Teilchen – etwa Pollen – in der Luft oder in Flüssigkeiten, die man im Lichtmikroskop beobachten konnte. Doch was war die Ursache dieser ungleichmäßigen Bewegungen? Einstein glaubt es zu wissen: Es ist der Zusammenprall dieser winzigen Partikel mit Tausenden von Molekülen der Luft oder der Flüssigkeit. In seinem Aufsatz mit dem langen Titel „Über die von der molekularkinetischen Theorie der Wärme geforderte Bewegung von in ruhenden Flüssigkeiten suspendierten Teilchen" will

Einstein zeigen, „daß nach der molekularkinetischen Theorie der Wärme in Flüssigkeiten suspendierte Körper von mikroskopisch sichtbarer Größe infolge der Molekularbewegung der Wärme Bewegungen von solcher Größe ausführen müssen, daß diese Bewegungen leicht mit dem Mikroskop nachgewiesen werden können" (*Annalen der Physik* 17 (1905), 549; auch in: Einstein 1987 ff., Bd. 2, 224).

Doch der Nachweis dieser Bewegung ist für Einstein kein Selbstzweck. Sein Denken ist immer an Prinzipien und Grundlagen orientiert.

> „Wenn sich die hier zu behandelnde Bewegung samt den für sie zu erwartenden Gesetzmäßigkeiten wirklich beobachten läßt, so ist die klassische Thermodynamik schon für mikroskopisch unterscheidbare Räume nicht mehr als genau gültig anzusehen und es ist dann eine exakte Bestimmung der wahren Atomgröße möglich. Erwiese sich umgekehrt die Voraussage dieser Bewegung als unzutreffend, dann wäre damit ein schwerwiegendes Argument gegen die molekularkinetische Auffassung der Wärme gegeben." (a.a.O.)

Durch komplizierte mathematische Berechnungen, die wir hier natürlich nicht wiedergeben können, entwickelt Einstein eine Formel für die mittlere Bewegung eines suspendierten Teilchens von definierter Größe in einer bestimmten Flüssigkeit von angegebener Temperatur. Die Folgerungen lassen sich im Prinzip durch Beobachtung im Mikroskop testen.

Einsteins Vorgehen entspricht dem klassischen Modell von Analyse und Synthese. Er geht zunächst von einem unerklärten und nichtanalysierten Phänomen aus, fragt nach den möglichen Ursachen und theoretischen Grundlagen und leitet nach einer Klärung der theoretischen Basis eine Konsequenz ab, die Ähnlichkeiten mit dem Ausgangsphänomen hat. Anschließend vergleicht er das theoretisch abgeleitete Phänomen mit den vorliegenden

Beobachtungen. Soweit ihm dies nicht möglich ist, delegiert er diese Aufgabe an die experimentell arbeitenden Physiker.

Einstein zeigt auch, daß eine Bestimmung der Avogadro-Konstante, also der Zahl an Teilchen, die in einem Mol einer beliebigen Substanz enthalten ist, aus einer exakten Messung der Bewegungen kleiner, gerade noch beobachtbarer Teilchen in Flüssigkeiten oder Gasen möglich ist. Daraus läßt sich dann das Volumen berechnen, das jedes der Atome des Mediums einnimmt. Es sollte erwähnt werden, daß die Avogadro-Konstante schon aus anderen Überlegungen bekannt war. Dennoch ist Einsteins neuer Berechnungsweg nicht entbehrlich. Er zeigt, daß die Bewegungen der kleinsten Teilchen, die man bisher für absolut unbeobachtbar gehalten hatte und die von vielen deshalb als theoretische Größen oder gar als bloße Fiktionen abgetan wurden, makroskopisch (wenn auch nur im Mikroskop) sichtbare Wirkungen haben. Die Arbeit ist zugleich ein Beispiel für Einsteins virtuose Beherrschung der Methoden der statistischen Thermodynamik, wie sie außer ihm in dieser Zeit nur wenige, wie Gibbs, Smoluchowski, Ehrenfest oder Planck, zeigten. In den folgenden drei Jahren schrieb er noch zwei weitere grundlegende Arbeiten zur Theorie der Brownschen Bewegung.

Die erste Arbeit, die Einstein in seinem Brief an Habicht erwähnt, erschien am 9. Juni 1905 in den *Annalen der Physik* und trägt den merkwürdigen Titel „Über einen die Erzeugung und Verwandlung des Lichtes betreffenden heuristischen Gesichtspunkt". Es ist jene Arbeit, die Einstein in seinem Brief als „sehr revolutionär" bezeichnet hatte. Der Gebrauch des Wortes „heuristisch" ist Signal und Zugeständnis zugleich. Signal, weil Einstein eine Überlegung ins Spiel bringen wollte, die nach seiner Ansicht großes Entwicklungspotential aufwies. Zugeständnis, weil diese Überlegung spekulativ war und sich möglicherweise als falsch herausstellen könnte. Pais (1986, 378) zitiert die Definition von „heuristisch" in Websters Wörterbuch, die eine vortreffliche Umschreibung des Gebrauchs liefert, den Einstein von diesem Begriff macht: „Bietet bei der Lösung eines Problems Hilfe und Richtung, ist jedoch sonst ungerechtfertigt oder im gegenwärtigen Zeitpunkt nicht zu rechtfertigen".

Um was geht es? Es geht um jene merkwürdige Entität, die Max Planck im Dezember des Jahres 1900 in einem „Akt der Verzweiflung" postuliert hatte, um die neuen Messungen von Rubens zum Spektrum der Wärmestrahlung, die von einem „schwarzen" (das heißt nichtreflektierenden) Körper emittiert wird, mit der bisher benutzten Formel in Einklang zu bringen. Diese Entität nannte man später „Plancksches Wirkungsquantum". Die dahinter stehende Idee war, daß bei den Strahlungsprozessen in einem absolut „schwarzen" Hohlraum Energie nur in einzelnen, getrennten Paketen abgegeben und aufgenommen werden konnte. Als Prinzip interpretiert, das für alle energetischen Prozesse Gültigkeit haben sollte, führte das Wirkungsquantum zu einem Sturz der klassischen Kontinuumsphysik, zu der auch die übliche Mechanik gehörte. Diese Erweiterung des Anwendungsbereichs lag allerdings keineswegs in der Absicht von Planck. Er deutete die Größe h zunächst überhaupt nicht, sondern behandelte sie als Proportionalitätsfaktor, dessen Funktion und Bedeutung sich im weiteren Verlauf der Forschung herausstellen würde. Später fand er sich damit ab, daß dieser „Bazillus", den er in die Welt gesetzt hatte, nicht mehr zu beseitigen war. Doch solange es möglich schien, versuchte er, seinen Lebensraum auf den Bereich der Schwarzkörperstrahlung zu begrenzen und die übrige Physik gegen ihn zu immunisieren. Dieser Versuch wurden von Einstein 1905 zunichte gemacht. Der Bazillus brach aus und machte sich daran, die gesamte Physik zu infizieren.

Max Planck war einer der bedeutendsten Physiker seiner Zeit. Geboren im Jahre 1858 und somit eine Generation älter als Einstein, beherrschte und überblickte er seine Wissenschaft wie kaum ein anderer. Die ungelösten Rätsel und schwierigen Probleme dieser Wissenschaft waren ihm ebenso bekannt wie ihre großen Erfolge und die Fortschritte und Diskussionen der zurückliegenden

Jahre. Planck wußte, daß die Physik noch nicht ihre endgültige Gestalt angenommen hatte. Er wußte auch, daß unbedachte Veränderungen, die Einführung neuer Hypothesen und Entitäten, leicht die komplizierte Ökologie der physikalischen Naturbetrachtung aus dem Gleichgewicht bringen konnte. Plancks Größe zeigt sich darin, daß er beide Einsichten vereinen konnte und nicht einseitig auf der Seite der Bewahrer stand. Wenn die weitere Forschung zeigte, daß die ungelösten Probleme der Physik nur durch drastische Änderungen von Theorie und Begrifflichkeit zu lösen waren, so würde er sich diesen Veränderungen nicht in den Weg stellen, sondern sich in die Reihe jener einfügen, die den Fortschritt mit Umsicht fördern und beschleunigen. Er war allerdings auch bereit, undisziplinierte Heißsporne zu zügeln, vorschnelle Neuerungen kritisch auf ihre Problemlösungsfähigkeit und ihre inneren Qualitäten zu befragen und ihnen im Zweifel die bewährten Instrumente vorzuziehen. Als der Patentangestellte Einstein im Jahre 1905 seinen Artikel über Lichtquanten publizierte, schrillten bei Planck die Alarmglocken. Planck war neben Drude verantwortlicher Herausgeber der *Annalen der Physik* und hätte in dieser Funktion sicherlich das Erscheinen des Artikels in dieser Zeitschrift verhindern können, wenn er den Inhalt des Artikels für unsinnig gehalten oder fehlerhafte Ableitungen und Argumente gefunden hätte. Doch diesen Weg ging er nicht. Er hatte bereits mehrere Artikel von Einstein in den *Annalen* publiziert und kannte ihn als Experten für das Gebiet der Thermodynamik. Nun hatte dieser Einstein eine Idee aufgegriffen, die er selbst fünf Jahre zuvor zur Lösung eines sehr speziellen Problems entwickelt hatte. Er hatte diese Idee radikaler interpretiert, als er selbst es je gewagt hätte, und sie dabei auf die gesamte Natur angewandt. Planck mußte sich fragen, ob die neue Deutung und die Erweiterung des Anwendungsbereichs seiner Intention entsprach. Wenn nicht, dann war zu prüfen, ob sie legitim und sachlich haltbar war.

Welches „Ei" hatte Einstein der Physik hier ins „Nest" gelegt? Da dies niemand besser sagen kann als er selbst, wollen wir hören, wie er das Ziel seines Artikels beschreibt. Aus seiner Darstellung lernen wir viel über seine Denkweise und über seine Methode, Wissenschaft zu betreiben. Es war in der Tat die gleiche Methode, die ihn einige Monate später zu einer einheitlichen Grundlage für die mechanische und die elektromagnetische Theorie – später spezielle Relativitätstheorie genannt – führen sollte.

Keine Messung, kein neues Phänomen, kein Experiment ist der Anlaß für Einsteins Artikel. Anlaß ist eine rein formale Beobachtung, die sich auf das Verhältnis zwischen zwei hochbewährten physikalischen Theorien bezieht, Theorien, die man mit Recht als die beiden Säulen der Physik zu Ende des neunzehnten Jahrhunderts bezeichnen konnte. Bereits die Exposition des Problems ist ein Muster an Klarheit und Präzision und charakteristisch für Einsteins Stil. Im Gegensatz zu den formalisierten und axiomatisierten Darstellungen, die später in die Lehrbücher eingingen, sind sie in ihren Grundideen auch für den mathematisch ungeschulten Leser verständlich, sofern er über ein Minimum an Auffassungsgabe verfügt. Lassen wir also Einstein für sich selbst sprechen:

> „Zwischen den theoretischen Vorstellungen, welche sich die Physiker über die Gase und andere ponderable Körper gebildet haben, und der Maxwellschen Theorie der elektromagnetischen Prozesse im sogenannten leeren Raume besteht ein tiefgreifender formaler Unterschied. Während wir uns nämlich den Zustand eines Körpers durch die Lagen und Geschwindigkeiten einer zwar sehr großen, jedoch endlichen Anzahl von Atomen und Elektronen für vollkommen bestimmt ansehen, bedienen wir uns zur Bestimmung des elektromagnetischen Zustandes eines Raumes kontinuierlicher räumlicher Funktionen, so daß also eine endliche Anzahl von Größen nicht als genügend anzusehen ist zur vollständigen Festlegung des elektromagnetischen Zustandes eines Raumes. Nach der Maxwellschen Theorie ist bei allen rein elektromagnetischen Erscheinungen, also auch beim Licht, die Energie als kontinuierliche Raumfunktion auf-

zufassen, während die Energie eines ponderabeln Körpers nach der gegenwärtigen Auffassung der Physiker als eine über die Atome und Elektronen erstreckte Summe darzustellen ist. Die Energie eines ponderablen Körpers kann nicht in beliebig viele, beliebig kleine Teile zerfallen, während sich die Energie eines von einer punktförmigen Lichtquelle ausgesandten Lichtstrahles nach der Maxwellschen Theorie (oder allgemeiner nach jeder Undulationstheorie) des Lichtes auf ein stets wachsendes Volumen sich kontinuierlich verteilt." (Einstein 1905a, 132; Einstein 1987ff., Bd. 2, 150)

Doch wie konnte man diese bereits entdeckten oder vermuteten Widersprüche auflösen, wie den „formalen Unterschied" beseitigen? Die Wellentheorie des Lichts zählte zu den bestbestätigten Theorien der Physik und wird, wie Einstein einräumt, „wohl nie durch eine andere Theorie ersetzt werden". Hier kommt ihm wieder seine Schulung an den Methoden der statistischen Thermodynamik zugute. Er schlägt eine Neuinterpretation der optischen Beobachtungen vor, nach der sich diese „auf zeitliche Mittelwerte, nicht aber auf Momentanwerte beziehen [...] (E)s ist trotz der vollständigen Bestätigung der Theorie der Beugung, Reflexion, Brechung, Dispersion etc. durch das Experiment wohl denkbar, daß die mit kontinuierlichen Raumfunktionen operierende Theorie des Lichtes zu Widersprüchen mit der Erfahrung führt, wenn man sie auf die Erscheinungen der Lichterzeugung und Lichtverwandlung anwendet" (a.a.O., 132f.).

Einstein trennt folglich die optischen Erscheinungen in jene, die sich auf die Emission und Absorption des Lichts beziehen, und in jene, die dazwischen liegen. Obwohl seine neue Interpretation, angeleitet durch den „heuristischen Gesichtspunkt", möglicherweise nur bei der ersten Gruppe von Vorgängen zu experimentell unterscheidbaren Konsequenzen führt, bezieht sie sich auch auf die Prozesse der Lichtausbreitung, Brechung, Interferenz, Streuung, Dispersion etc. Es war zu befürchten, daß der von Einstein benannte „formale Unterschied" bei vielen jener Probleme zu manifesten Widersprüchen führen würde, bei denen man Materie und Strahlung zusammen behandeln mußte. Auf eine dauerhafte „friedliche Koexistenz" der beiden Theorien war daher nicht zu hoffen.

Trotz seiner vorsichtigen Ausdrucksweise schlägt Einstein also für die Gesamtheit aller optischen Phänomene eine radikal neue Sichtweise vor, die man später mit Recht als „Quantenrevolution" bezeichnet hat – nach Einsteins Selbsteinschätzung seine einzige „revolutionäre Tat" in der Physik. In Worte gefaßt, klingt diese revolutionäre Tat so:

> „Es scheint mir nun in der Tat, daß die Beobachtungen über die ‚schwarze Strahlung', Photolumineszenz, die Erzeugung von Kathodenstrahlen durch ultraviolettes Licht und andere die Erzeugung bez. Verwandlung des Lichtes betreffenden Erscheinungsgruppen besser verständlich erscheinen unter der Annahme, daß die Energie des Lichtes diskontinuierlich im Raume verteilt sei. Nach der hier ins Auge zu fassenden Annahme ist bei Ausbreitung eines von einem Punkte ausgehenden Lichtstrahls die Energie nicht kontinuierlich auf größer und größer werdende Räume verteilt, sondern es besteht dieselbe aus einer endlichen Zahl von in Raumpunkten lokalisierten Energiequanten, welche sich bewegen, ohne sich zu teilen und nur als Ganze absorbiert und erzeugt werden können." (a.a.O., 133)

Mit seinem heuristischen Gesichtspunkt, dessen Konsequenzen er mathematisch ausarbeitete und durch empirische Daten stützte, stand Einstein nahezu allein gegen die Welt der Physik. Die Lichtquantenhypothese, so Abraham Pais, wurde von den Physikern „mit Unglauben und Skepsis, fast mit Spott, aufgenommen" (Pais 1986, 360). In einer 1948 erschienenen Festschrift für Einstein bekannte der amerikanische Nobelpreisträger für Physik Robert Millikan mit Hinblick auf die von Einstein vorgeschlagene Gleichung für den photoelektrischen Effekt: „Ich habe zehn Jahre meines Lebens mit der Überprüfung jener Gleichung Einsteins aus dem Jahre 1905 verbracht, und mußte sie 1915 trotz ihrer Unglaubwürdigkeit gegen alle meine Erwartungen bestätigen; mir schien sie alles zu verletzen, was wir über die Interferenz von Licht wußten" (Millikan, nach Pais 1986, 360). In einer 1916 in der *Physikalischen Zeitschrift* erschienenen Arbeit macht Millikan klar, daß er trotz der empirischen Bestätigung an der Ablehnung der Theorie festhält: „Zeitweise schienen mir die Ergebnisse unvereinbar mit jener Gleichung; aber je länger ich arbeitete und je besser die Fehlerquellen vermieden werden konnten, desto besser ergab sich jene Formel als im Einklang mit den Resultaten [...] Nichtsdestoweniger erscheint mir die physikalische Theorie, auf die sich die Gleichung aufbaut, gänzlich unhaltbar" (Millikan 1916, 217, 220).

Doch Millikan war ein konservativer Physiker und zudem ein harter Experimentalist. Vielleicht ist seine Ansicht nicht repräsentativ für die Physik seiner Zeit. Wie waren die Reaktionen der bekannten theoretischen Physiker in Deutschland? Auf der 83. Naturforscherversammlung in Karlsruhe 1911 machte Arnold Sommerfeld darauf aufmerksam, „daß das Relativitätsprinzip kaum mehr zu den eigentlich aktuellen Fragen der Physik gehöre. Obwohl erst 6 Jahre alt – Einsteins Arbeit erschien 1905 – scheint es schon in den gesicherten Besitz der Physik übergegangen zu sein. Ganz anders aktuell und problematisch ist die Theorie der Energiequanten oder, wie ich lieber sage, die Theorie des Wirkungsquantums. Hier sind die Grundbegriffe noch im Fluß und die Probleme ungezählt [...] Zweifellos befinden sich unsere theoretischen Anschauungen über Energieverteilung, Energieemission und -absorption zurzeit in einem etwas dunkeln Übergangsstadium" (Sommerfeld 1911, 1057, 1066).

Damit hat Sommerfeld wohl die Mehrheitsmeinung der sich als fortschrittlich verstehenden Physiker getroffen. Walther Nernst ergänzt im gleichen Jahr diese Ansicht durch die Empfehlung, die Quantentheorie, obwohl sie zur Zeit „wesentlich eine Rechenregel, und zwar eine solche, wie man wohl sagen kann, sehr seltsamer, ja grotesker Beschaffenheit" sei, weiter zu untersuchen, denn: „Sie hat in den Händen von Planck, was die Strahlung, in den Händen von Einstein, was die Molekularmechanik anlangt, so reiche Früchte gebracht und ist [...] auch so vieler Anwendungen fähig, daß der Forschung die Pflicht erwächst, möglichst vielseitig dazu Stellung zu nehmen und sie der experimentellen Prüfung zu unterziehen" (Nernst, zit. nach: Max Jammer, „Albert Einstein und das Quantenproblem", in: Nelkowski u. a. 1979, 153).

Ein letztes Beispiel für die Reaktion der deutschen Physiker auf den Geniestreich Einsteins fehlt noch, das wichtigste! Wie stellte sich Max Planck dazu? Wir hatten bereits erwähnt, daß Planck als Mitherausgeber der *Annalen der Physik* über die Möglichkeit verfügt hätte, den Artikel mit kritischen Fragen zur Überarbeitung zurückzuschicken. Dies tat er nicht. Doch dies bedeutet nicht, daß er seinem Inhalt zustimmte. Im Jahre 1907 schrieb Planck an Einstein einen langen Antwortbrief, in dem er einige Fragen diskutierte, die Einstein angeschnitten hatte (der Brief Einsteins ist offenbar verloren). Nachdem er einen Punkt geklärt hatte, bei dem der „Unterschied unserer Meinungen nicht sehr tiefgehender Natur ist", fährt er fort:

> „Anders ist es aber vielleicht bei folgender Frage: Besitzt das absolute Vakuum (der freie Aether) irgend welche atomistischen Eigenschaften? Nach Ihrer Bemerkung [...], daß der elektromagnetische Zustand in einem [endlichen] Raumteile durch eine endliche Zahl von Größen bestimmt ist, scheinen Sie diese Frage zu bejahen, während ich sie, wenigstens nach meiner gegenwärtigen Anschauung, verneinen möchte. Denn ich suche die Bedeutung des elementaren Wirkungsquantums (Lichtquants) nicht im Vakuum, sondern an den Stellen der Absorption u. Emission, und nehme an, daß die Vorgänge im Vakuum durch die Maxwellschen Gleichungen *genau* dargestellt werden. Wenigstens sehe ich noch keinen zwingenden Grund, von die-

ser Annahme, die mir einstweilen die einfachste scheint, u. die auch den Gegensatz zwischen Aether und Materie charakteristisch zum Ausdruck bringt, abzugehen." (Planck an Einstein, 6. Juli 1907, in: Einstein 1987ff., Bd. 5, 49f.)

Bemerkenswert an den Worten Plancks ist, daß er den Unterschied zwischen Äther und Materie im Juli 1907, also zwei Jahre nach der Publikation von Einsteins Arbeit über die Elektrodynamik bewegter Körper, immer noch für wesentlich hält, obwohl er bereits kurz nach Erscheinen der Arbeit über die spezielle Relativitätstheorie im „Physikalischen Colloquium" über diese referierte und seine Assistenten auf benachbarte Themen ansetzte. Er selbst begann schon 1906 mit eigenen Forschungsbeiträgen zu dieser Thematik hervorzutreten. Daß Planck die Ätheridee noch nicht ad acta gelegt hatte, ist charakteristisch für seinen umsichtigen und vorsichtig tastenden Arbeitsstil, der im starken Kontrast zum respektlosen Umgang Einsteins mit akzeptierten Lehrmeinungen und zu seinem konsequenten Voranpreschen nach gewonnener Einsicht steht.

Als Planck 1913 zusammen mit Nernst, Warburg und Rubens im Zusammenhang mit der geplanten Berufung Einsteins an die Berliner Akademie ein Empfehlungsschreiben an das Preußische Unterrichtsministerium entwarf, macht er klar, daß die Wahl nicht *wegen* der Lichtquantenhypothese, sondern *trotz* dieser auf Einstein gefallen war. Wer den Erkenntnisfortschritt wolle, müsse das intellektuelle Risiko bejahen, daß der eine oder andere zuweilen über das Ziel hinausschieße. Obwohl Planck „das Kind" anerkanntermaßen in die Welt gesetzt hatte, kann man seine Reaktion auf die Adoption durch Einstein also keineswegs enthusiastisch nennen.

War die Quantentheorie in den Augen der besten theoretischen Physiker nur eine Mißgeburt? Dieser Schluß wäre einseitig. Schließlich hatte Nernst nicht nur von der „grotesken Beschaffenheit" der Quantentheorie, sondern auch von ihren „reifen Früchten" in Einsteins Händen gesprochen. Die Lichtquantenhypothese zählte er allerdings nicht dazu, sehr wohl aber die Erweiterung der Planckschen Idee zu einer Quantentheorie der spezifischen Wärme.

Bereits 1907 hatte der Patentexperte II. Klasse (Einstein war inzwischen befördert worden) nämlich zum nächsten Schlag auf diesem physikalischen Gebiet ausgeholt und die Quantenhypothese auf die statistische Thermodynamik angewandt (Einstein 1907c; Einstein 1987ff., Bd. 2, 379ff.). Wieder hatte er nach Widersprüchen gefahndet und war fündig geworden. Die Disharmonie bestand dieses Mal zwischen der „molekular-kinetischen Theorie der Wärme" und dem Verteilungsgesetz der schwarzen Strahlung. Wir erinnern uns, daß dies das Verteilungsgesetz war, das Planck im Dezember des Jahres 1900 formuliert hatte und in dem erstmals die Konstante h auftaucht. Einstein untersuchte die Verhältnisse mathematisch und schließt dann:

> „Während man sich nämlich bisher die molekularen Bewegungen genau denselben Gesetzmäßigkeiten unterworfen dachte, welche für die Bewegungen der Körper unserer Sinnenwelt gelten (wir fügen wesentlich nur das Postulat vollständiger Umkehrbarkeit hinzu), sind wir nun genötigt, für schwingungsfähige Ionen bestimmter Frequenz, die einen Energieaustausch zwischen Materie und Strahlung vermitteln können, die Annahme zu machen, daß die Mannigfaltigkeit der Zustände, welche sie anzunehmen vermögen, eine geringere sei als bei den Körpern unserer Erfahrung." (a.a.O., 183f.)

Anschließend zählt er die möglichen Zustände, die er mathematisch abgeleitet hatte, auf. Andere hätten sich mit diesem Resultat erfreut zurückgelehnt, die Reaktion von Kollegen abgewartet und auf empirische Bestätigung gehofft. Nicht Einstein! Sofort denkt er weiter und fragt nach der Erklärung dieses Resultats.

> „Ich glaube nun, daß wir uns mit diesem Resultat nicht zufrieden geben dürfen. Es drängt sich nämlich die Frage auf: Wenn

sich die in der Theorie des Energieaustausches zwischen Strahlung und Materie anzunehmenden Elementargebilde nicht im Sinne der gegenwärtigen molekular-kinetischen Theorie auffassen lassen, müssen wir dann nicht auch die Theorie modifizieren für die anderen periodisch schwingenden Gebilde, welche die molekulare Theorie der Wärme heranzieht? Die Antwort ist nach meiner Meinung nicht zweifelhaft. Wenn die Plancksche Theorie der Strahlung den Kern der Sache trifft, so müssen wir erwarten, auch auf anderen Gebieten der Wärmetheorie Widersprüche zwischen der gegenwärtigen molekular-kinetischen Theorie und der Erfahrung zu finden, die sich auf dem eingeschlagenen Wege heben lassen.“ (a.a.O.)

Anschließend demonstriert Einstein, daß genau dies der Fall ist. Dies ist der Stil, der Einsteins Arbeit von Anfang an geprägt hat und dem er seine Erfolge verdankte: Eine Idee, die er als fundamental richtig erkannt hatte, auch in ihren entferntesten und zunächst widersinnig erscheinenden Konsequenzen mathematisch erkunden. Nach Widersprüchen zwischen den auf der Basis der neuen Idee erfolgten Deduktionen mit anderen Theorien und Bereichen der Physik (aber auch anderen Naturwissenschaften) fahnden. Versuchen, diese Widersprüche unter weitestgehender Ausdehnung des Anwendungsbereichs der neuen Idee auszuräumen. Darauf achten, dabei keine Begriffe und Vorstellungen einzuführen, aus denen kein beobachtbarer Unterschied in den Tatsachen folgt. Wenn solche Begriffe auftauchen: „Ockhams Rasiermesser“ zücken und sie als „überflüssige Wesenheiten“ aus der Physik eliminieren.

Irgend etwas fehlt noch. Ach ja, der empirische Test! „Ich halte es für wahrscheinlich, daß (die neue Auffassung) sich im Prinzip bewähren wird. Daran, daß sie den Tatsachen exakt entspreche, ist natürlich nicht zu denken [...] Immerhin ist es interessant, unsere Konsequenzen mit der Erfahrung zu vergleichen“ (a.a.O., 188). Eine Theorie kann sich nach Einstein offenbar auch dann

„im Prinzip bewähren", wenn sie den Tatsachen nicht „exakt" entspricht. Der Vergleich mit der Erfahrung ist zweifellos der letzte und entscheidende Prüfstein für jede Theorie. Einstein macht in seinen Arbeiten nicht selten Deduktionen, die empirisch überprüfbar sind, und gibt die Aufgabe an den Experimentalphysiker weiter. So heißt es einmal: „Möge es bald einem Forscher gelingen, die hier aufgeworfene, für die Theorie der Wärme wichtige Frage zu entscheiden!" (Einstein 1987 ff., Bd. 2, 235). Ein andermal: „Es wäre von hohem Interesse zu wissen, ob die Formel auch in quantitativer Beziehung als Ausdruck der Tatsachen zu betrachten ist" (Einstein 1987 ff., Bd. 2, 357).

Aber man darf der Erfahrung nicht unbesehen vertrauen und muß Experimente beurteilen können. Sie enthalten nicht selten konzeptionelle Schwächen oder Meßfehler, die sie als Entscheidungsbasis entwerten. So heißt es einmal nach einem für die Relativitätstheorie ungünstigen experimentellen Befund: „Die von Hrn. Stark für den Effekt angegebenen Zahlenwerte sind mehr als zehnmal so groß als die aus der angegebenen Formel hervorgehenden. Es erscheint mir wahrscheinlich, daß sichere Resultate in der vorliegenden Frage erst dann zu erwarten sind, wenn es gelungen ist, (nichtleuchtende?) Kanalstrahlen im völlig gasfreien Raume zu erzielen" (Einstein 1987 ff., Bd. 2, 403).

Natürlich können diese methodologischen Faustregeln nicht mechanisch angewendet werden. Voraussetzung für den Erfolg sind profunde Kenntnis der maßgeblichen Theorien der Physik, die Beherrschung der dafür notwendigen Mathematik und ein ausreichender Überblick über die relevanten experimentellen Resultate.

Bis zur Entstehung der neuen Quantentheorie 1925 war Einstein vermutlich der einzige bedeutende Physiker, der davon überzeugt war, daß das Licht ebenso wie das elektromagnetische Feld (vgl. den oben zitierten Brief Plancks) „gequantelt" ist. Doch woher kam diese Überzeugung? Woher schöpfte Einstein die Kraft, gegen die gesamte Welt der Physik, gegen die Meinung aller berühmten Universitätsprofessoren der Physik eine Hypothese aufzustellen und zu verteidigen, die von diesen als „unglaubwürdig" oder als „grotesk" bewertet wurde?

In seiner kurzgefaßten Autobiographie, seinem „Nekrolog", hat Einstein seine damalige Sicht der Situation erklärt. Dabei ist zu berücksichtigen, daß diese Darstellung eine Rekonstruktion aus einem Abstand von nicht weniger als einem halben Jahrhundert ist. Daß damit die Gefahr verbunden ist, den historischen Gang der Ereignisse und Denkprozesse nicht getreu wiederzugeben, hat Einstein selbst erwähnt. „Es mag [...] wohl sein, daß dies Individuum im Rückblick eine einheitliche systematische Entwicklung sieht, während das tatsächliche Erleben in kaleidoskopartigen Einzelsituationen sich abspielt" (Einstein 1955, 2). Einstein berichtet, daß ihm die Wichtigkeit der Planckschen Formel für das Spektrum der Strahlung eines „Schwarzen Körpers" schon bald nach ihrer Veröffentlichung klar war. Die Formel steht nämlich in Widerspruch sowohl mit der mechanischen als auch der elektrodynamischen Basis, auf welcher die Ableitung beruhte. Der Widerspruch ist zwar nicht auf den ersten Blick erkennbar, „(i)n Wirklichkeit setzt die Ableitung aber implizite voraus, daß die Energie nur in ‚Quanten' von der Größe hν von dem einzelnen Resonator absorbiert und emittiert werden kann [...] im Gegensatz mit den Gesetzen der Mechanik und Elektrodynamik" (a.a.O., 17). Dabei war die Mechanik stärker gefährdet als die Elektrodynamik, was auch Planck erkannte, wie aus der Passage seines Briefes an Einstein hervorgeht, die wir oben zitiert haben. Die Plancksche Strahlungsformel ist formal kompatibel mit den Maxwellschen Gleichungen, aber beide stehen unvermittelt nebeneinander, ohne daß eines aus dem anderen ableitbar war.

Einstein gelang es in den Jahren danach nicht, „das theoretische Fundament der Physik diesen Erkenntnissen anzupassen [...] Es war, wie wenn einem der Boden unter den Füßen weggezogen worden wäre, ohne daß sich irgendwo fester Grund zeigte, auf dem man hätte bauen können" (a.a.O.). Wie auch in anderen Fällen, zielten die Einsteinschen Überlegungen aufs Prinzipielle: „Was für allgemeine Folgerungen können aus der Strahlungsformel betreffend die Struktur der Strahlung und überhaupt betreffend das elektromagnetische Fundament der Physik abgeleitet werden?" Eines der Resultate dieser grundlagentheoretischen Überlegungen waren die Arbeiten zur Thermodynamik und zur Brownschen Bewegung, deren Ziel es war, „Tatsachen zu finden, welche die Existenz von Atomen von bestimmter endlicher Größe möglichst sicherstellten" (a.a.O., 18). Dieses Ziel hat er erreicht.

In einem Gedankenexperiment kombiniert Einstein im Anschluß daran thermodynamische mit strahlentheoretischen Überlegungen. Er weist rechnerisch nach, daß ein monochromatisch, d.h. nur bestimmte Wellen reflektierender Spiegel, der in einem Strahlungsraum frei beweglich ist, eine Art Brownsche Bewegung ausführen muß, deren mittlere kinetische Energie aus der Thermodynamik ableitbar ist. Das gleiche Ergebnis sollte theoretisch auch aus der Maxwellschen Theorie folgen. Dies war jedoch nicht der Fall. Die Druckschwankungen, die aus der Interferenz der Wellenbündel im Strahlungsraum resultieren, reichen nicht aus, um dem Spiegel die von der statistischen Gastheorie geforderte mittlere kinetische Energie zu geben.

> „Um dies Resultat zu erhalten, muß man vielmehr annehmen, daß es eine zweite aus der Maxwellschen Theorie nicht folgende Art von Druckschwankungen gibt, welche der Annahme entspricht, daß die Strahlungsenergie aus unteilbaren, punktartig lokalisierten Quanten von der Energie hν [Plancksches Wirkungsquantum, multipliziert mit der Frequenz der Strahlung – K.F.] (und dem Impuls hν/c [c = Lichtgeschwindigkeit]) besteht, die ungeteilt reflektiert werden. Diese Betrachtung zeigte in einer drastischen und direkten Weise, daß den Planckschen Quanten eine Art unmittelbare Realität zugeschrieben werden muß, daß also die Strahlung in energetischer Beziehung eine Art Molekularstruktur besitzen muß, was natürlich mit der Maxwellschen Theorie in Widerspruch ist." (a.a.O., 19)

Zum gleichen Ergebnis kam Einstein durch eine andere Überlegung, die sich auf Boltzmanns Entropie-Wahrscheinlichkeit stützte (Entropie ist das physikalische Maß für die Unordnung eines physikalischen Systems). Wie schon im Falle der Atome vertritt Einstein auch bei den Quanten die Position eines erkenntnistheoretischen Realisten. Argumente bezüglich der „Nützlichkeit" theoretischer „Fiktionen", deren Wirklichkeitsstatus im übrigen ungeklärt bleibt, sind für ihn nie das letzte Wort in der Sache.

Wir sehen jedoch noch ein weiteres charakteristisches Merkmal des Einsteinschen Denkens: Vertrauen in die Resultate des eigenen Nachdenkens und unbeirrbares Verfolgen der Konsequenzen dieser Resultate, auch dann, wenn sie liebgewonnene Vorstellungen schwer erschüttern und wenn diese Konsequenzen von der „wissenschaftlichen Gemeinschaft" zunächst nicht akzeptiert werden. Ein weiteres Charakteristikum dieses Denkens ist sein Verbundcharakter. Erst die profunde Kenntnis der Beziehungen zwischen den verzweigten Bereichen der Physik, der Verzahntheit ihrer Probleme und der Konsequenzen von Problemlösungen in einem Bereich für die Theorien in einem anderen machte es Einstein möglich, zu neuen Verallgemeinerungen für die gesamte Physik zu kommen. Wäre Einstein nur ein genialer Spezialist für Thermodynamik oder Elektromagnetismus oder Mechanik gewesen, so wären ihm – und der Physik – viele Erfolge versagt geblieben. Er hätte möglicherweise nicht erkennen können, daß die Schwierigkeiten seines Spezialgebiets die Grundlagen der Physik betrafen und einer allgemeinen, integrierten Lösung bedurften oder daß der Schlüssel zur Lösung in einem anderen Spezialgebiet lag.

b. „Die gegenwärtige Krisis der mathematischen Physik" – Besichtigung eines renovierungsbedürftigen physikalischen Weltbilds

Vermutlich wäre auch die spezielle (und infolgedessen natürlich die allgemeine) Relativitätstheorie nicht von einem Wissenschaftler entwickelt worden, der nicht über das weitgespannte Blickfeld des Mannes aus dem Berner Patentamt verfügt hätte. Nach der Darstellung seines „Nekrologs" hatten die anhand der statistischen Gastheorie, der Strahlungstheorie und der Quantenhypothese gewonnenen Einsichten zu der Überzeugung geführt, „daß weder die Mechanik noch die Elektrodynamik (außer in Grenzfällen) exakte Gültigkeit beanspruchen können" (Einstein 1955, 19). Als Lösung kam für Einstein eine neue spezielle Theorie für jeden der betroffenen Bereiche nicht in Frage. Nur eine Klärung der grundlegenden gemeinsamen Fragen konnte weiterhelfen. In Einsteins „Autobiographie" schildert er den Weg seines Denkens:

> „Je länger und verzweifelter ich mich bemühte, desto mehr kam ich zu der Überzeugung, daß nur die Auffindung eines allgemeinen formalen Prinzips uns zu gesicherten Ergebnissen führen könnte. Als Vorbild sah ich die Thermodynamik vor mir. Das allgemeine Prinzip war dort in dem Satze gegeben: die Naturgesetze sind so beschaffen, daß es unmöglich ist, ein *perpetuum mobile* (erster und zweiter Art) zu konstruieren. Wie aber ein solches allgemeines Prinzip finden? Ein solches Prinzip ergab sich nach zehn Jahren Nachdenkens aus einem Paradoxon, auf das ich schon mit 16 Jahren gestoßen bin: Wenn ich einem Lichtstrahl nacheile mit der Geschwindigkeit c […], so sollte ich einen solchen Lichtstrahl als ruhendes, räumlich oszillatorisches, elektromagnetisches Feld wahrnehmen. So etwas scheint es aber nicht zu geben, weder auf Grund der Erfahrung noch gemäß den Maxwellschen Gleichungen. Intuitiv klar

schien es mir von vornherein, daß von einem solchen Beobachter aus beurteilt, alles sich nach denselben Gesetzen abspielen müsse wie für einen relativ zur Erde ruhenden Beobachter. Denn wie sollte der erste Beobachter wissen, bzw. konstatieren können, daß er sich im Zustand rascher, gleichförmiger Bewegung befindet?" (Einstein 1955, 20)

Einem Lichtstrahl nachzueilen, „auf ihm zu reiten", ihn gar zu überholen, nach der klassischen Mechanik war dies nicht ausgeschlossen. Diese Möglichkeiten folgten zwar nicht aus den Newtonschen Gesetzen, aber sie widersprachen ihnen auch nicht. Newton nahm an, daß das Licht aus kleinen Körperchen (Korpuskeln) besteht, die sich normalerweise geradlinig durch den Raum bewegen, aber durch geeignete Medien reflektiert, polarisiert, abgelenkt und verschluckt werden können. So war es auch Galilei noch nicht gelungen, die Geschwindigkeit des Lichts zu messen. Er hatte es mit irdischen Entfernungen versucht und war dabei an der nicht ausreichenden Meßgenauigkeit gescheitert. Der dänische Astronom Olaf Römer (Ole Rømer) hatte 1675 eine bessere Idee (vgl. Goldberg 1984, 433 ff.). Er beobachtete die Jupitermonde und stellte fest, daß ihre Bewegungen scheinbar zurückblieben, wenn sich die Erde vom Jupiter entfernte, und daß sie scheinbar schneller wurden, wenn sie sich ihm wieder näherte. Aus den Beobachtungen schloß er, daß das Licht etwa 22 Minuten brauchte, um die gesamte Erdbahn zu durchmessen. Römer kannte die genauen absoluten Entfernungen zwischen Sonne, Erde und Jupiter noch nicht. Legt man die Entfernungen zugrunde, die aufgrund der Messungen von Cassini und Flamsteed 1686 vorgelegt wurden, so würde das Licht etwa 204 000 km pro Sekunde zurücklegen. Unter der Voraussetzung heutiger Entfernungsmessungen entspräche der Römersche Wert einer geschätzten Lichtgeschwindigkeit von rund 225 000 km pro Sekunde. Als Isaac Newton 1687 die *Principia Mathematica* veröffentliche, zog er aus dieser Erkenntnis für seine Mechanik keine Schlüsse. Es hätte freilich einer übermenschlichen Intelligenz bedurft, den Sprung von der galileischen Kinematik zur Relativitätstheorie zu machen. Dazu fehlte noch ein wichtiges Glied in der Kette der Entwicklung: die Theorie des Elektromagnetismus.

Magnetische und elektrische Phänomene kannten die Menschen bereits in der Antike. Galilei besaß einen guten „armierten" Magneten, mit dem er gerne experimentierte, doch es gelang ihm nicht, den Grund für die beobachteten Erscheinungen zu entdekken. William Gilbert in England und Johannes Kepler in Deutschland benutzten den Magnetismus, um die Bewegungen der Planeten um die Sonne zu erklären, doch diese Erklärungen hielten dem Urteil der Nachwelt nicht stand. Newton ersetzte den Magnetismus als Erklärung für die Bewegungen der Himmelskörper und den Fall schwerer Körper zum Erdmittelpunkt durch eine andere Kraft: die Gravitation. Im 18. Jahrhundert begann mit Franklin, Galvani und Volta die intensive experimentelle Erforschung der Elektrizität, die im 19. Jahrhundert mit Ampère, Oersted, Faraday und Maxwell ihren Höhepunkt und zugleich ihren vorläufigen theoretischen Abschluß fand. Maxwell stellte ein System von Gleichungen auf, das die Ausbreitung der elektrischen und magnetischen Kraft in Abhängigkeit von der Zeit beschrieb. Er berechnete, daß die Geschwindigkeit, mit der sich die elektromagnetischen Wellen ausbreiteten, der Geschwindigkeit des Lichtes entsprach. Seine Vermutung, daß auch das Licht elektromagnetischer Natur war, konnte dagegen erst zwanzig Jahre später von Hertz bestätigt werden. Hertz nahm auch noch die Radiowellen in den „Club" der elektromagnetischen Wellen auf und erkannte damit eine wesentliche Voraussetzung für die Möglichkeit der Übermittlung von Information über große Strecken mit der Geschwindigkeit des Lichtes, wie wir sie, ohne darüber nachzudenken, heute von Funk, Radio und Fernsehen gewohnt sind.

> „Wir erblicken Elektrizität an tausend Orten, wo wir bisher von ihrem Vorhandensein keine sichere Kunde hatten. In jeder

Flamme, in jedem leuchtenden Atome sehen wir einen elektrischen Prozeß. Auch wenn ein Körper nicht leuchtet, so lange er nur noch Wärme strahlt, ist er der Sitz elektrischer Erregungen. So verbreitet sich das Gebiet der Elektrizität über die ganze Natur." (Heinrich Hertz, „Über die Beziehungen zwischen Licht und Elektricität", in: Hertz 1988, Bd. 1, 353)

Da das Licht somit Teil unserer Betrachtung ist, müssen wir noch eine weitere Entwicklungslinie skizzieren: die der Optik (vgl. Buchwald 1989). Wir hatten erwähnt, daß Newton das Licht als korpuskulare Erscheinung ansah. Er hatte sich in dieser Frage zwar nicht eindeutig festgelegt, weil man an dieser Stelle auf Hypothesen zurückgreifen mußte – und „hypotheses non fingo" –, aber die Nachwelt interpretierte seine Ausführungen gerechterweise als Plädoyer für die Korpuskulartheorie. Newton hatte gute Gründe für seine Meinung angeführt, doch es gab noch eine andere Ansicht, die ebenfalls durch gute Gründe gestützt war. Dies war die Wellentheorie des Lichts, die fast zeitgleich von dem Holländer Christian Huyghens entwickelt wurde. Newtons Theorie setzte sich durch. Erst zu Beginn des 19. Jahrhunderts wendete sich das Blatt. Young und Fresnel ersannen neue Experimente zur Beugung und Interferenz, die der Wellentheorie des Lichtes wieder Auftrieb gaben. Von den Experimenten Fresnels (1818) an war sie bis in die zwanziger Jahre des 20. Jahrhunderts, trotz Einsteins Arbeit über die Lichtquanten aus dem Jahre 1905, die dominierende Theorie des Lichts.

Jede Wellentheorie hat eine Besonderheit. Sie fordert ein Medium, das die Welle transportiert. So ist der Schall eine longitudinale Welle, die als Verdichtung und Verdünnung eines Mediums, etwa der Luft, weitergeleitet wird. Im Vakuum gibt es kein körperliches Medium und folglich auch keinen Schall. Ein Astronaut, der in seinem Raumanzug auf dem Mond herumhüpft, würde einen neben ihm explodierenden Böller nicht hören können. Es gibt kein Medium, das die Schallwelle zu seinen Ohren transportiert. In gleicher

Weise hatte man angenommen, daß auch das Licht ein Trägermedium benötigte, den Äther. Im Unterschied zum Schall stellte sich jedoch heraus, daß das Licht nicht aus Longitudinalwellen, sondern aus Transversalwellen besteht. Es pflanzt sich nicht über Verdichtungen und Verdünnungen des Mediums, sondern über seitliche Versetzungen bzw. Querwellen weiter. Der Lichtäther mußte inkompressibel sein und über eine nahezu unglaubliche Spannung verfügen, um Wellen von der Frequenz des Lichts weiterleiten zu können. Im Vergleich zum Äther wäre der härteste Stahl nur Wakkelpudding. Auf der anderen Seite war der Äther offenbar so dünn, daß schwere wie leichte materielle Körper ihn mühelos und ohne meßbare Abbremsung durcheilen konnten. Dies waren ziemlich exotische Eigenschaften, für die es in der bekannten Welt keine Analogien gab und auf die man sich keinen rechten Reim machen konnte.

Doch der Äther war eine theoretisch geforderte Substanz. „Nehmt aus der Welt die Elektricität, und das Licht verschwindet; nehmt aus der Welt den lichttragenden Äther, und die elektrischen und magnetischen Kräfte können nicht mehr den Raum überschreiten", so hatte es Heinrich Hertz 1889 in seinem Vortrag „Über die Beziehungen zwischen Licht und Elektricität" auf den Punkt gebracht (a.a.O., 339). Nachdem man die Gleichartigkeit der phänomenal verschiedenen Formen elektromagnetischer Wellen erkannt und nachdem Crookes, Perrin und J. J. Thomson im Elektron die Einheit der Elektrizität erkannt und quantitativ bestimmt hatten, war das Gebäude der elektromagnetischen Welterklärung weitgehend vollendet. Ebenso wie das ältere Gebäude der mechanistischen Welterklärung war es von bestechender Schönheit.

Unklar war nur, ob das Fundament trug, denn es blieb „die gewaltige Hauptfrage nach dem Wesen, nach den Eigenschaften des raumerfüllenden Mittels, des Äthers, nach seiner Struktur, seiner Ruhe oder Bewegung, seiner Unendlichkeit oder Begrenztheit. Immer mehr gewinnt es den Anschein, als überrage diese Frage alle übrigen" (Hertz, a.a.O., 354).

Die Hertzsche Einschätzung war richtig, verbarg sich doch hinter ihr eine tiefe Besorgnis. Der Äther, Urstoff und theoretische Basis der neuesten Physik zugleich, war experimentell nicht zu fassen. Er widersetzte sich jedem Versuch, auch nur irgendeine seiner geforderten Eigenschaften zu messen. Drei Beobachtungen erwiesen sich dabei für die Folgezeit als zentral: die Aberration des Lichts, die „Ätherdrift-Experimente" für Effekte erster Ordnung von Arago, Fizeau und Airy, und schließlich die „Ätherdrift-Experimente" für Effekte zweiter Ordnung von Michelson und Morley (Experimente für Effekte erster Ordnung messen Abweichungen, die vom Verhältnis der Geschwindigkeit eines Bezugssystems zur Lichtgeschwindigkeit (v/c) abhängen; Experimente für Effekte zweiter Ordnung messen Abweichungen, die proportional zu v^2/c^2 sind. Effekte zweiter Ordnung sind sehr meist viel kleiner als solche erster Ordnung). Um die Entwicklung der Relativitätstheorie verstehen zu können, müssen wir die Ergebnisse dieser Experimente und ihre Bedeutung kurz skizzieren.

Das erste experimentelle Ergebnis fällt in das Jahr 1728. Ein Jahr nach dem Tod Isaac Newtons hatte James Bradley endlich die Erklärung für die Tatsache gefunden, daß er sein 65 m langes Teleskop leicht in die Bewegungsrichtung der Erde neigen mußte, um ein scharfes Bild zu bekommen. In der Zeit, die das Licht eines Sternes braucht, um den Weg vom Objektiv zum Okular des Teleskops zurückzulegen, bewegt sich das gesamte Instrument mit der Erde ein Stück weiter. Ein Lichtstrahl, der das Objektiv genau in der Mitte passiert hat, befindet sich, wenn er das Okular erreicht hat, nicht mehr genau in der Mitte, sondern etwas gegen die Richtung der Erdbewegung versetzt. Bradley erklärte diese Aberration im Sinne der Korpuskulartheorie. Im Prinzip ist es das gleiche Phänomen, das man beobachten kann, wenn man mit einem Schirm im Regen spazierengeht: Je nach der eigenen Geschwindigkeit und Gehrichtung scheint der Regen schräger oder von einer anderen Seite her zu fallen. Aus der gemessenen Aberration gewann Bradley übrigens einen stark verbesserten Wert für die

Geschwindigkeit des Lichtes, den er mit 283 000 km/s bestimmte. Damit verfehlte er den wahren Wert um etwa fünf Prozent.

Man kann die Aberration aber auch wie Thomas Young zu Anfang des 19. Jahrhunderts im Sinne der Äthertheorie erklären. So gesehen, ist das Phänomen der Aberration eine Folge der Tatsache, daß der Äther ruht und die Erde mit dem Fernrohr sich relativ zum Äther, in dem sich die Lichtwellen fortpflanzen, bewegt. Doch diese Theorie wurde 1810 durch ein Experiment von Arago in Frage gestellt. Wenn der Äther ruht, dann müßte die Bewegung der Erde um die Sonne einen meßbaren Einfluß auf die Aberration des Lichts zweier Sterne haben, von denen der eine in Richtung der Erdbahn und der andere entgegen der Richtung der Erdbahn liegt. Da die Erde im einen Fall dem Licht des ersten Sterns entgegenkommt, während sie im zweiten Fall vor ihm davonläuft, sollte die Aberration im zweiten Fall geringer sein. Der Effekt sollte linear vom Verhältnis der Erdgeschwindigkeit v zur Lichtgeschwindigkeit c abhängen. Zur Überraschung der Äthertheoretiker ließ sich jedoch kein derartiger linearer Effekt erster Ordnung der Bewegung der Erde gegen den Äther feststellen. Die Aberration blieb konstant, die Geschwindigkeiten der Erde und des Sternenlichtes konnten nicht addiert oder subtrahiert werden. Dieser Befund wurde von dem französischen Physiker Fresnel damit erklärt, daß die Erde den Äther mitreißt. Diese Hypothese von der *Ätherdrift* wurde von Fizeau im Jahre 1851 teilweise bestätigt (Goldberg 1984, 438 ff.). Fizeau ließ Wasser durch ein Rohr strömen, und er maß die Geschwindigkeit des Lichtes in und gegen die Strömungsrichtung des Wassers. Als Ergebnis fand Fizeau, daß die Lichtgeschwindigkeit im ersten Fall etwas größer war als im zweiten. Da jedoch keine vollständige Addition oder Substraktion der Geschwindigkeiten stattfand, schien das Ergebnis darauf hinzudeuten, daß der Lichtäther durch das strömende Wasser nur teilweise mitgerissen wurde. Der Unterschied in den beiden Strömungsrichtungen war abhängig vom Verhältnis zwischen der Strömungsgeschwindigkeit des Wassers und der Lichtgeschwindigkeit im Wasser v/c'. Fizeau fand eine Formel, die das Maß dieses Mitgerissenseins in Abhängigkeit vom Brechungsindex der Substanz bestimmte. Ein Experiment von Airy, das die Vergrößerung der Aberration in einem mit Wasser gefüllten Teleskop maß, bestätigte dieses Ergebnis. Als der amerikanische Physiker Albert Michelson in den Jahren 1881 und (zusammen mit Edward Morley) 1888 mit einem ideenreichen Versuchsaufbau das Maß, in dem die Erde den Äther mitreißt, genauer als bisher bestimmen wollte, erwartete man verbesserte Werte, aber keine große Überraschung. Um so rätselhafter waren die Ergebnisse der Versuche. Michelson verwandte für seine Messungen ein Interferometer, das auf einem drehbaren Gestell aufgebaut war. Der Versuch beruhte darauf, eine Lichtwelle durch ein System halbdurchlässiger und reflektierender Spiegel in zwei Teilwellen zu zerlegen und sie hinterher wieder zu vereinen. Da sich die eine Teilwelle voraussetzungsgemäß gegen den Äther, die andere mit diesem bewegt, sollte diese Vereinigung so erfolgen, daß die erste Teilwelle mit der zweiten interferiert. An gewissen Stellen sollten sich die beiden Teilwellen bis zur Unsichtbarkeit abschwächen, an anderen sollten sie sich verstärken. Auf einem Sichtschirm hätte dies ein charakteristisches Streifenmuster ergeben müssen.

Zur Konsternierung aller Beteiligter gab es jedoch keine Interferenzen. Auch eine Verbesserung des Versuchsaufbaus und eine Erhöhung der Meßgenauigkeit änderten daran nichts (Goldberg 1984, 448ff.). Damit hatte die Physik ein Problem. In den Experimenten zu Effekten erster Ordnung in v/c war (mit Ausnahme des Versuchs von Arago) scheinbar eine Relativbewegung der Erde gegen den Äther festgestellt worden, während genauere Versuche zu Effekten zweiter Ordnung in v^2/c^2 die Relativbewegung wieder zum Verschwinden gebracht hatten. Die Erde verhielt sich so, als würde sie den Äther immer und überall so vollständig mitführen, daß keinerlei Effekt zweiter Ordnung zu messen war. Damit waren aber auch alle Resultate zu den Effekten erster Ordnung in v/c in Frage gestellt. Dieses negative Resultat des Michelson-Morley-

Experimentes brachte in die Ätherphysik und in die Wellentheorie des Lichts eine fundamentale Disharmonie, die das Programm der theoretischen Physik für die nächsten beiden Jahrzehnte bestimmte.

Es gab noch einen weiteren fundamentalen Makel im Gesamtsystem der physikalischen Theorie gegen Ende des 19. Jahrhunderts. Zwischen den beiden Teilen des Gesamtsystems, klassische Mechanik und Theorie des Elektromagnetismus, gab es eine Art Schisma. Dies war seltsam, bezogen sich doch beide Bereiche der physikalischen Naturerklärung auf die gleiche Welt der unbelebten Körper. Warum standen sie sich derart unvermittelt und unversöhnbar gegenüber? Welches System war das grundlegendere? Der Versuch, die elektromagnetischen Phänomene auf die Mechanik zurückzuführen, wie dies Maxwell vorgeschwebt hatte, war erfolglos geblieben. Für einige Jahre, etwa von 1889 bis 1905, sah es so aus, als wären die Anhänger eines elektromagnetischen Weltbildes (Hertz, Wien, Abraham, Lorentz, Poincaré u. a.), die das umgekehrte Ziel anstrebten, erfolgreicher. Heinrich Hertz hatte es programmatisch formuliert: Es scheine,

> „als müsse die Kenntnis des Äthers uns nicht allein das Wesen der ehemaligen Imponderabilien offenbaren, sondern auch das Wesen der alten Materie selbst und ihrer innersten Eigenschaften, der Schwere und der Trägheit. Die Quintessenz uralter physikalischer Lehrgebäude ist uns in den Worten aufbewahrt, daß alles, was ist, aus dem Wasser, aus dem Feuer geschaffen sei. Der heutigen Physik liegt die Frage nicht mehr ferne, ob nicht etwa alles, was ist, aus dem Äther geschaffen sei?“ (Hertz, a.a.O., 354)

Doch auch dieser Versuch scheiterte. Die beiden Theorien ließen sich nicht logisch aufeinander zurückführen. Im Gegenteil! Je genauer man die Architektonik der beiden Theorien kennenlernte, desto deutlicher stellte sich heraus, daß sie einander widersprachen.

In dieser Situation gab es verschiedene Denkmöglichkeiten. Die Aufgabe der einen oder der anderen Theorie schied aus, weil die verbleibende Theorie die Funktion der aufgegebenen nicht übernehmen konnte. Die naheliegendste Möglichkeit bestand darin, eine der beiden Theorien soweit zu verändern, daß keine Widersprüche mehr entstehen. Das Problem dabei war, daß jedes der beiden theoretischen Systeme in seinem eigenen Bereich unangefochten war. Warum also sollte man eines von ihnen verändern, nur weil es einer anderen Theorie, die sich auf einen anderen Phänomenbereich bezog, widersprach? Man hätte womöglich in Kauf zu nehmen, daß die veränderte Theorie nun *in ihrem eigenen Bereich* größere Probleme haben würde als zuvor. Der Versuch, die logische Widerspruchsfreiheit durch eine Veränderung *beider* Theorien zu erreichen, konnte bei ungeschicktem Vorgehen zur Konsequenz haben, daß sich die Leistung beider Theorien in ihren jeweiligen Anwendungsbereichen verschlechterte.

Der dritte Weg ist der kunstvollste. Er besteht darin, nicht die beiden Theorien zu verändern, sondern die Übersetzungsregeln zu modifizieren. Dies klingt wie eine einfache Aufgabe, aber der Teufel steckt im Detail. Die Modifikationen mußten von einer Art sein, daß auch bei Verfolgung der fernsten logischen Konsequenzen keine neuen Widersprüche mehr auftraten. Dennoch schien die Aufgabe überraschenderweise lösbar zu sein. Es hatte sich nämlich gezeigt, daß die Probleme zwischen den beiden Theorien nur an streng lokalisierbaren Punkten auftraten. Wenn es tatsächlich der Fall war, daß beide Theorien korrekt waren – und die Erfolge in den jeweiligen Anwendungsbereichen schienen dies zu bestätigen –, dann war diese Aufgabe grundsätzlich lösbar: gehobener Denksport für logisch-mathematisch ambitionierte Physiker.

In der Durchführung erwies sich dieses Programm keineswegs als trivial, sondern setzte höchste rechnerische Ingenuität und tiefes Verständnis der jeweiligen physikalischen Probleme voraus. Die Aufgabe wurde in den neunziger Jahren des 19. Jahrhunderts von dem holländischen Physiker Hendrik Antoon Lorentz gelöst. Lorentz führte die Physik des späten 19. Jahrhunderts zu höchster Vollendung – oder besser zu jenem Grad an Vollendung, den sie mit ihren Mitteln und auf der Basis ihrer Prinzipien erreichen konnte (vgl. Lorentz CP). Diese Vollendung bedeutete keinen Abschluß. Zu groß waren die Umwälzungen und Entdeckungen in der Physik dieser Zeit: die neuen Erkenntnisse über das Elektron, die Entdeckung der Röntgenstrahlen und der Becquerel-Strahlen, die Entdeckung der strahlenden Elemente Radium und Polonium durch Marie und Pierre Curie, die Postulierung des Wirkungsquantums durch Planck. Die Entwicklung der Physik hatte ein enormes Tempo vorgelegt und war dabei aus dem Tritt gekommen.

Lorentz hielt, für eine kurze Zeit, die Fäden noch einmal zusammen. Die materielle Welt, die diese Physik beschrieb, war „aus drei verschiedenen Dingen, aus dreierlei Bausteinen, zusammengesetzt; es sind dies erstens die gewöhnliche greifbare oder ponderable Materie, zweitens die Elektronen und drittens der Äther“ (Lorentz, Nobel-Vorlesung, in: Lorentz CP, Bd. 7, 68). Kräfte, die physikalische Objekte aufeinander ausüben können, zeigen ihre Wirkungen nicht sofort, sondern nach einer gewissen Zeit. Die Äthereffekte erster Ordnung in v/c, deren Existenz durch Bradley, Fizeau, Airy und Fresnel scheinbar unwiderlegbar bewiesen waren, erklärte Lorentz durch eine komplizierte Interaktion von Licht und Materie (vgl. McCormmach 1970, 467). Zu den Prinzipien der Lorentzschen Physik zählte das ausgezeichnete Bezugssystem, das sich nach wie vor aus dem absoluten Raum und der absoluten Zeit Newtons zusammensetzte. Physikalisch war es durch den ruhenden Äther bestimmt. Von den entsprechenden Newtonschen Begriffen unterscheiden sich die von Lorentz durch spezielle Transformationsregeln, die beim Übergang von einem Bezugssystem zu einem anderen berücksichtigt werden müssen und sich durch ihre kompliziertere Form von denen absetzen, die man heute Galilei-Transformationen nennt.

Seit Galilei hatten sich die Physiker an den Gedanken gewöhnt, daß in der Mechanik Bewegungen nur unter Zugrundelegung eines Bezugssystems festgestellt werden konnten. Im Gegensatz zu den Annahmen des Aristoteles schien es keine absoluten Bewegungen und damit auch keinen absoluten Ruhepunkt im Universum zu geben. Dies bedeutete auch, daß der Standpunkt des gleichförmig bewegten und des unbewegten Beobachters ausgetauscht werden konnten, ohne daß sich irgend etwas an den Naturgesetzen ändern darf. Physikalisch drückt man dies so aus, daß man sagt: Die Gesetze der Mechanik müssen in jedem beliebigen Bezugssystem gelten, das sich in bezug auf jedes andere gleichförmig und drehungsfrei bewegt. Mathematisch wird der Übergang von einem Bezugssystem zu einem anderen durch eine Koordinatentransformation bewerkstelligt. Nennen wir die drei Raumkoordinaten des einen Systems x, y und z, die des anderen x', y' und z', wobei t und t' die Zeiten in den beiden Systemen und v die Geschwindigkeit im System S bezeichnen, so lauten die Regeln für den Übergang von einem Bezugssystem S zu einem anderen, gleichförmig in Richtung der x-Achse zum ersten bewegten Bezugssystem S':

$$x' = x - vt$$
$$y' = y$$
$$z' = z$$
$$t' = t$$

Naturgesetze, die diesen Galilei-Transformationen genügen, nennt man Galilei-invariant oder kovariant: Nur Naturgesetze, die beim Übergang von S zu S' ihre Form und daher ihre Gültigkeit bewahren, entsprachen den Prinzipien der klassischen Mechanik. Dies war ein Axiom der Physik des 19. Jahrhunderts.

Leider stellte sich nach der Entwicklung der Theorie des Elektromagnetismus heraus, daß die Maxwellschen Gleichungen nicht den Galilei-Transformationen genügen. Damit war eine der Ursachen für die Disharmonien zwischen den beiden Pfeilern der klassischen Physik gefunden. Sie hatte ihren Grund in dem Umstand, daß sich elektromagnetische Wirkungen mit Lichtgeschwindigkeit ausbreiten, während alle bisher im Rahmen der klassischen Mechanik untersuchten Vorgänge mit Geschwindigkeiten abliefen, die sehr klein im Vergleich zur Geschwindigkeit des Lichts waren. Hätte man mechanische Vorgänge untersuchen können, bei denen wesentlich höhere Geschwindigkeiten erreicht worden wären, dann hätte man gemerkt, daß die Galilei-Transformationen auch im Rahmen der klassischen Mechanik nicht immer gelten. Sie führen zwar für geringe Geschwindigkeiten gegenüber c zu annähernd richtigen Resultaten, versagen aber zunehmend bei Geschwindigkeiten, die der des Lichts näherkommen. Wann sich die Diskrepanzen bemerkbar machen, ist nur eine Frage der Meßgenauigkeit.

Im Falle der Maxwellschen Gleichungen war das Versagen der klassischen Koordinatentransformationen wegen der lichtschnellen Wirkungen sofort offensichtlich. Das Problem der Physiker bestand folglich darin, neue Regeln für die Koordinatentransformation zu finden, die die Form der Maxwellschen Gleichungen bewahrten und zugleich die experimentellen Resultate zur Ätherdrift berücksichtigten. Diese Transformationsregeln müssen auch die Nichtexistenz der Äthereffekte zweiter Ordnung in v^2/c^2 berücksichtigen. Die Idee wurde, soweit wir wissen, erstmals von dem irischen Physiker George F. Fitzgerald ein Jahr nach dem ursprünglichen Michelson-Experiment vorgeschlagen. Sie besteht darin, daß das Nullresultat des Ätherdrift-Experiments erklärbar wird, wenn sich der Versuchsaufbau in Bewegungsrichtung nach einer bestimmten Regel verformt. Mathematisch wurden nahezu identische Gleichungen von Woldemar Voigt (1887) und von Joseph Larmor (1898) formuliert. Die Regel läßt sich in unterschiedlicher Form darstellen. In der Arbeit von Lorentz aus dem Jahre 1904 enthält sie als entscheidende Komponente einen Faktor, den Lorentz k^2 nannte, wobei k der Quotient aus der Zahl 1 und einem Wurzelausdruck ist, der auch in der speziellen Relativitätstheorie als entscheidende Größe auftaucht. Es ist die Wurzel aus 1 minus dem Quotienten aus dem Quadrat der Geschwindigkeit eines Körpers v^2 und dem Quadrat der Lichtgeschwindigkeit c^2.

$$k = \frac{1}{\sqrt{1-v^2/c^2}}$$

Lorentz hat diese Transformationsregeln nicht nur für räumliche Dimensionen bewegter Bezugssysteme, sondern auch für die Zeit und für die Massen der beteiligten Körper formuliert. Zusammengenommen beschreiben die Lorentz-Transformationen, wie sich diese Größen beim Übergang vom bevorzugten Beobachterstandpunkt (ruhender Äther) zu beliebigen anderen Standpunkten (Bezugssystemen), die sich relativ zum Äther beschleunigungsfrei bewegen, verändern. Physikalisch bedeuten diese Transformationen, daß sich die benannten Größen genau so verändern, daß der Einfluß des Ätherwindes genau kompensiert wird und dieser daher nicht gemessen werden kann. Abgesehen von der Notation entsprechen sie den Transformationsbedingungen der speziellen Relativitätstheorie.

In einem 1904 erschienenen Aufsatz findet man die fortgeschrittenste Form der Lorentzschen Theorie. Die Hypothese der Längenkontraktion in Richtung der Bewegung hatte zu neuen Problemen geführt, die Lorentz in der erwähnten Arbeit ausräumen wollte.

> „Einmal haben Rayleigh und Brace untersucht, ob die Erdbewegung einen Körper doppelbrechend macht; man könnte dies zunächst erwarten, wenn man die eben erwähnte Veränderung der Dimensionen annimmt. Beide Physiker kommen jedoch zu einem negativen Ergebnis. Dann haben sich Trouton und Noble bemüht, ein Drehmoment zu entdecken, das auf einen geladenen Kondensator wirkt, dessen Platten einen Winkel mit der

Translationsrichtung bilden. Die Elektronentheorie fordert unzweifelhaft die Existenz eines solchen Drehmoments, wenn man sie nicht durch eine neue Hypothese verändert [...] Es konnte aber nichts derartiges beobachtet werden." (Lorentz, „Elektromagnetische Erscheinungen in einem System, das sich mit beliebiger, die des Lichtes nicht erreichender Geschwindigkeit bewegt", in: Lorentz-Einstein-Minkowski, 6f.)

In seiner Arbeit stellt Lorentz zur Erklärung der experimentellen Befunde die Hypothese auf, daß *„der Einfluß einer Translation auf Größe und Gestalt (eines einzelnen Elektrons und eines ponderablen Körpers als Ganzem) auf die Dimensionen in der Bewegungsrichtung beschränkt bleibt, und zwar werden diese k-mal kleiner als im Ruhezustand*" (a.a.O., 20). Die Translation bewirkt also eine „Kontraktion des ganzen Systems der Elektronen und der anderen Teilchen, aus denen sich der geladene Kondensator, der Balken und der Faden der Drehwaage zusammensetzt" (a.a.O., 21). Dies, zusammen mit der Veränderung der Masse, war das Prinzip, mit dessen Hilfe Lorentz die Schwierigkeiten der Elektronentheorie endgültig bereinigen wollte.

Diese Transformationen galten nicht nur für die Gesetze des Elektromagnetismus, sondern auch für die der klassischen Mechanik. Inzwischen hatte man nämlich Bewegungen materieller Körper gefunden, deren Geschwindigkeit gegenüber der des Lichts nicht mehr vernachlässigbar klein waren. Versuche mit geladenen Teilchen (ß-Strahlen = Elektronen) in starken elektrischen Feldern hatten gezeigt, daß die Ablenkungen geringer waren als theoretisch angenommen. Dies konnte man damit erklären, daß die Massen der Teilchen mit wachsender Geschwindigkeit größer wurden. Obwohl er annahm, daß die gesamte Masse des Elektrons aus dem Feld herrührte, verallgemeinerte Lorentz diesen Befund auf alle ponderablen Körper, die solche Geschwindigkeiten erreichen können. Die Beziehung zwischen den Kräften und den Beschleunigungen kommt nach Lorentz dann richtig heraus, „wenn wir annehmen, *daß die Massen aller Teilchen durch eine Translation in demselben Grade beeinflußt werden wie die elektromagnetischen Massen der Elektronen*" (a.a.O., 22).

Lorentz hatte Poincaré Recht gegeben, daß mit den ad-hoc Anpassungen der Theorie an jedes neue Experiment endlich Schluß sein müsse. Dieser hatte

> „gegen die bisherige Theorie der optischen und elektrischen Erscheinungen bewegter Körper eingewandt, daß zur Erklärung des negativen Ergebnisses Michelsons eine neue Hypothese eingeführt werden mußte, und daß dies jedesmal notwendig werden könne, wenn neue Tatsachen bekannt würden. Sicherlich haftet diesem Aufstellen von besonderen Hypothesen für jedes neue Versuchsergebnis etwas Künstliches an. Befriedigender wäre es, könnte man mit Hilfe gewisser grundlegender Annahmen zeigen, daß viele elektromagnetische Vorgänge streng, d.h. ohne irgendwelche Vernachlässigung von Gliedern höherer Ordnung, unabhängig von der Bewegung des Systems sind." (a.a.O., 7f.)

Nach diesen neuen grundlegenden Annahmen hatte Lorentz gesucht. Er glaubte sie gefunden zu haben, doch wie die weitere Entwicklung zeigte, blieben seine Vorschläge immer noch an der Oberfläche.

Kurz vor der Einführung einer neuen Sichtweise durch Albert Einstein, dem es gelang, den Grund der Schwierigkeiten zu entdecken und zu beseitigen, hatte der weltberühmte Physiker Hendrik A. Lorentz also eine neue Synthese der Physik seiner Zeit versucht, die den Zentralbegriff der Maxwell-Hertzschen Theorie, den Äther, beizubehalten gestattete. Er hatte versucht, den negativ verlaufenen Ätherdrift-Experimenten zu Effekten zweiter Ordnung in v^2/c^2 gerecht zu werden, und dabei die Hypothese aufgestellt, daß alle Maßstäbe und Körper eine Kontraktion in Bewegungsrichtung erfahren. Da dies nicht reichte, um die Resultate neuer Experimente zu erklären, mußte Lorentz die Hypothese hinzufügen, daß sich die Massen aller ponderablen Körper vergrößerten, wenn sie relativ zum Beobachtersystem bewegt wurden. Das als rund angenommene Elektron verformte sich dieser Annahme gemäß bei hoher Geschwindigkeit immer mehr zu einer Art Linse, während es zugleich an Masse zunahm. Wie Poincaré kurz darauf zeigte, erforderte dies neue Hypothesen über die Verteilung der Ladung im Elektron, um seine Stabilität zu gewährleisten.

Darüber hinaus hatte Lorentz annehmen müssen, daß die Zeit in einem relativ zum Beobachterstandpunkt bewegten System anders verlief: Sie verlangsamte sich. Da er nicht bereit war, den Begriff der absoluten Zeit aufzugeben, nannte er die Zeit im bewegten System „Lokalzeit". Die absolute Zeit war demnach jene Zeit, die im ruhenden Äther galt, während die Lokalzeit jene war, die in Systemen galt, die relativ zum Äther bewegt waren. Allerdings war absolute Bewegung (Bewegung relativ zum Äther) nicht meßbar, da alle Längen, Zeiten, Massen und Kräfte sich gerade so veränderten, daß sie den Einfluß des Ätherwindes kompensierten. Und in all jenen Veränderungen tauchte der seltsame Faktor k auf.

Fürwahr eine verzwickte Lage, in die die Ätherphysik hier geraten war. Der holländische Physiker Paul Ehrenfest hat die Situation in seiner Antrittsvorlesung an der Reichs-Universität zu Leiden im Jahre 1912 – gewissermaßen im Rückblick, der die Sicht schärft – wie folgt dargestellt:

> „Der Ätherwind stört den Ablauf der Prozesse, mit denen der Experimentator operiert; derselbe Ätherwind verdirbt aber auch – wenn wir uns so ausdrücken dürfen – die Meßinstrumente des Experimentators: er deformiert die Maßstäbe, verändert den Gang der Uhren und die Federkraft in den Federwaagen usw. Für alles das sorgen jene Grundhypothesen, insbesondere auch die Hypothese, daß die Bewegung durch den Äther die Anziehungskräfte zwischen den Molekülen verändert. Und wenn

nun der Experimentator die durch den Ätherwind gestörten Prozesse mit seinen Instrumenten beobachtet, die derselbe Ätherwind verdorben hat, dann sieht er exakt das, was der ruhende Beobachter an den ungestörten Prozessen mit den unverdorbenen Instrumenten beobachtet." (Ehrenfest, „Zur Krise der Lichtäther-Hypothese", Berlin 1913, in: Aichelberg & Sexl 1979, 4)

Der Äther hatte den Status einer Gespenster-Substanz angenommen, die nur noch von denen wahrgenommen wurde, die fest an sie glaubten. Die „Lokalzeit" des bewegten Systems unterschied sich von der „wirklichen Zeit" nur noch darin, daß sie in einem System galt, das sich relativ zum Äther, der sich nicht fassen ließ, in einer gleichförmigen Bewegung, die man nicht messen konnte, befand.

Im Jahre 1905 hat der große französische Mathematiker und Physiker Henri Poincaré die Schwierigkeiten der Physik zu Anfang des 20. Jahrhunderts in einem „Die gegenwärtige Krisis der mathematischen Physik" betitelten Kapitel seines Buches *Der Wert der Wissenschaft* mit scharfem Blick erfaßt und beschrieben. Er benennt darin die hauptsächlichen Schwachpunkte der physikalischen Theorie. Darunter sind nicht zufällig auch jene, mit denen sich Einstein zur gleichen Zeit beschäftigt (zu Poincaré vgl. auch Holton, „Poincaré and Relativity", in: Holton 1973). Vier der Hauptpunkte sind:

1) *Die Grundlagen der Thermodynamik:* Sie sind wieder ins Fließen geraten, seit die Brownsche Bewegung das Carnotsche Prinzip, nach dem Wärme nie von einem kälteren zu einem wärmeren Körper fließt, in Frage gestellt hat.

2) *Das Lavoisiersche Prinzip von der Erhaltung der Masse:* Dieses Prinzip wird von der neuen Elektrodynamik, die die Masse an die Relativgeschwindigkeit knüpft oder den Begriff der mechanischen Masse durch den der elektrodynamischen Masse ersetzt, verworfen.

3) *Das Prinzip von der Erhaltung der Energie:* Es scheint in Gefahr zu geraten durch die neuen Strahlen, die durch Becquerel und

durch die Curies entdeckt worden sind und die auf eine nahezu unerschöpfliche Energiequelle in der Materie hindeuten.

4) *Das Prinzip der Relativität:* Es entspricht sowohl der Erfahrung als auch der klassischen Mechanik, doch es könnte sich herausstellen, daß es der Elektrodynamik ihr Hauptprinzip, den Äther, raubt.

Die Argumente zugunsten der Relativität der Zeit, die auf dem Prinzip der faktischen Meßbarkeit beruhen – der Franzose kennt sie ebenfalls und publiziert sie nahezu zeitgleich mit Einstein. Das folgende Gedankenexperiment entstammt wiederum Poincarés Buch *La valeur de la science*, das 1905 in Paris erschien. „Denken wir uns zwei Beobachter, die ihre Uhren nach optischen Signalen regulieren wollen. Sie tauschen Signale; da sie aber wissen, daß die Übertragung des Lichtes nicht augenblicklich geschieht, müssen sie darauf bedacht sein, sie zu kreuzen." Wenn die Beteiligten die Entfernungen, die Lichtwege und die Lichtgeschwindigkeit kennen, werden sie keine Schwierigkeit haben, ihre Uhren zu synchronisieren. Sie zeigen

> „die gleiche Zeit im gleichen physischen Augenblick, aber unter einer Bedingung, daß die beiden Stationen feststehend sind. Im entgegengesetzten Fall wird die Dauer der Übertragung in den beiden Richtungen nicht die gleiche sein, da die Station A zum Beispiel der optischen Störung, die von B ausgeht, entgegenkommt, während die Station B vor der von A ausgehenden Störung flieht. Die auf diese Weise gerichteten Uhren zeigen also nicht die wahre Zeit; was sie zeigen, könnte man lokale Zeit nennen; die eine wird gegen die andere nachgehen. Es liegt aber nichts daran, da wir kein Mittel haben, es zu bemerken. Alle Erscheinungen, die zum Beispiel in A entstehen, verspäten sich, aber sie tun es alle gleichmäßig, und der Beobachter wird es nicht bemerken, weil seine Uhr nachgeht; also hat er, wie es das Prinzip der Relativität verlangt, gar kein Mittel zu wissen, ob er in absoluter Ruhe oder in Bewegung ist." (Poincaré 1906b, 142)

Vom Prinzip der Relativität spricht Poincaré übrigens schon seit Jahren, der Begriff ist nicht neu: Er ist keine Erfindung Einsteins.

Poincaré kennt also das Problem, und er kennt die Lösung. Allerdings – diese Lösung will oder kann er nicht akzeptieren. Die Verallgemeinerung dieser Lösung und ihre logischen Folgerungen für unsere Theorien von Raum und Zeit, von Masse und Energie erscheinen ihm zu exotisch. Er ist nicht bereit hinzunehmen, daß es in Wirklichkeit keine absolute Zeit, sondern nur die unendlich vielen verschiedenen Lokalzeiten gibt, die durch Lorentz-Transformationen widerspruchsfrei koordiniert werden können. Er ist am Äther irre geworden, doch er kann sich keine Elektrodynamik ohne ihn vorstellen. Erst viele Jahre später ist er mental bereit, ihn aufzugeben. Poincaré hat also die Lösung faktisch in Händen, aber er verschmäht sie, weil sie ihm nicht gefällt. Dies ist um so verwirrender, als Poincaré als einer der führenden Wissenschaftstheoretiker seiner Zeit die Fragwürdigkeit der methodischen Strategie durchschaut, die der quasi-relativistischen Ätherphysik seiner Zeit zugrunde lag. Diese Strategie bestand darin, anzunehmen, daß es zwei physikalische Größen gab, die nicht unabhängig, sondern nur gekoppelt gemessen werden konnten: einerseits die Bewegungen gegen den Äther, andererseits die kompensatorischen Längenkontraktionen der Körper, die Zeitdilatation (d.h. Zeitdehnung), die Kraft- und Massenveränderung. „Das so verstandene Prinzip kann alles erklären, weil es uns, wie auch die sichtbaren Bewegungen sein mögen, immer freisteht, hypothetische Bewegungen zu ersinnen, die sie ausgleichen. Wenn es aber alles erklären kann, so kann es uns nicht dazu dienen, etwas vorauszusehen; es erlaubt uns nicht, zwischen den verschiedenen hypothetischen Möglichkeiten zu wählen, weil es alles zum voraus erklärt. Es wird also nutzlos" (a.a.O., 146).

Von allen Physikern und Mathematikern des ausgehenden 19. und beginnenden 20. Jahrhunderts war Poincaré derjenige, der einer Theorie der Relativität im Sinne Einsteins am nächsten kam. Will man wissen, was ihm den Blick für eine konstruktive Überwindung seiner Schwierigkeiten verstellte, so wären vor allem drei Gründe zu nennen:

1) das Festhalten am Programm des elektromagnetischen Weltbildes;
2) die Interpretation der Zeittransformation als bloßer Rechengröße ohne Vergegenwärtigung ihrer realen Auswirkungen;
3) das Festhalten am Äther, obwohl er zugeben mußte, daß seine Existenz keine realen, experimentell unabhängig testbaren physikalischen Konsequenzen hatte.

c. „Asymmetrien, welche den Phänomenen nicht anzuhaften scheinen“: Die Relativität von Zeit und Raum

Wir haben im letzten Abschnitt die drei Wege erkundet, auf denen die Physiker des 19. Jahrhunderts die Disharmonien zwischen den beiden zentralen Teilen des Gesamtgebäudes der Physik – klassische Mechanik und Elektromagnetismus – beseitigen wollten. Der erste Weg war die Zurückführung der Maxwellschen Gesetze auf die Gesetze der Newtonschen Mechanik. Nachdem dieser Versuch gescheitert war, ging man den umgekehrten Weg, doch mit dem gleichen Resultat. Man fand Widersprüche zwischen den beiden grundlegenden Theorien, die erst beseitigt werden mußten, bevor an eine Vereinheitlichung zu denken war. Beobachtungen aufgrund neu ersonnener Experimente sorgten immer wieder dafür, daß Lösungen, die man gefunden hatte, wieder verworfen werden mußten. Schließlich fanden Fitzgerald, Voigt, Larmor, Lorentz und Poincaré ein ingeniöses Verfahren, das auf einer neuen Art der Koordinatentransformation zwischen verschiedenen Bezugssystemen, die sich relativ zueinander gleichförmig und drehungsfrei bewegten, beruhte.

Die neue Methode berücksichtigte fast alle experimentellen Schwierigkeiten der Äthertheorie, sie beseitigte die formalen Widersprüche zwischen Mechanik und Elektrodynamik, und sie bedeutete zugleich eine Weiterentwicklung der letzteren. Eines allerdings leistete diese Methode nicht: Sie stieß nicht zu den tieferliegenden konzeptionellen Schwierigkeiten vor. Sie ließ die Frage nach der Natur von Raum, Zeit und Äther unbeantwortet. Sie klärte nicht den Status der Erhaltungssätze für Energie, Masse und Bewegung. Und sie führte nicht zur Entdeckung eines neuen Prinzips.

Doch es gab noch einen vierten Weg, und dies war der Weg, den Einstein ging. Da sich beide Theorien, die klassische Mechanik wie die Maxwellsche Elektrodynamik, auf die Gesamtheit der unbelebten Natur bezogen und da zudem beide Theorien hochbestätigt waren, bestünde der plausibelste Weg zum Erfolg eigentlich darin, nach einem *neuen Fundament für beide Bereiche* zu suchen. Dies ist ein einleuchtender Vorschlag. Doch wo war dieses gemeinsame Fundament? Nach sieben Jahren intensiven Nachdenkens hatte Einstein die Lösung des Rätsels gefunden.

Dabei ließ er sich sowohl von Beobachtungen und Gedankenexperimenten als auch von „prinzipiellen Überlegungen" leiten. Die Beobachtungen sind in den beschriebenen Experimenten enthalten und offensichtlich im Sinne der Lorentzschen Theorie interpretierbar. Doch ist diese Interpretation richtig? Diese Frage kann nur geklärt werden, wenn wir auf das Gedankenexperiment zurückgreifen und die Ergebnisse unter Einschluß der vorliegenden Realexperimente einer grundsätzlichen Analyse unterziehen.

Eines dieser Gedankenexperimente hatten wir zu Beginn des vorangehendes Abschnittes angeführt. Bereits der sechzehnjährige Einstein machte sich Gedanken darüber, ob es möglich war, das Licht einzuholen und es gewissermaßen als starre Wellenfront zu beobachten. Dieser Gedanke erschien ihm paradox. Und doch gibt es in der physikalischen Welt eine Analogie zu dieser Möglichkeit: den Schall. Ein genügend schneller Beobachter kann eine Schallwelle erzeugen, ihr hinterhereilen und sie sogar überholen. In ihrem gemeinsam verfaßten Buch *Die Evolution der Physik* haben Einstein und Infeld dieses Gedankenexperiment etwas ausgesponnen und die Überlegungen, die zur speziellen Relativitätstheorie führen, in eine didaktisch gelungene Form gebracht. Wir werden zunächst an diese sehr einfache Darstellung anknüpfen und uns erst danach an die etwas komplizierteren Überlegungen der Originalschriften wagen.

Stellen wir uns eine Kabine mit gläsernen Wänden vor, die sich mit gleichförmiger Geschwindigkeit bewegt. Innen befinde sich ein Beobachter, der Geräusche erzeugt und die Geschwindigkeit ihrer Ausbreitung mißt. Diese Messungen werden dann mit denen verglichen, zu denen ein äußerer Beobachter kommt, der mit dem ruhenden Bezugssystem verbunden ist. Zu welchen Ergebnissen kommen die beiden Beobachter? Hören wir die beiden Autoren:

> „Der Beobachter drinnen stellt fest: Von mir aus gesehen breitet sich der Schall nach allen Seiten gleich schnell aus. Der Beobachter draußen dagegen sagt: Der Schall in der bewegten Kabine breitet sich relativ zu meinem System nicht nach allen Seiten gleich schnell aus. In der Bewegungsrichtung der Kabine pflanzt er sich abnorm schnell fort, in der entgegengesetzten Richtung dagegen langsamer. Diese Schlüsse fußen auf der klassischen Transformation und lassen sich experimentell bestätigen. Die Kabine nimmt das materielle Medium, die Luft, worin sich die Wellen ausbreiten, mit, und daher kommen Innen- und Außenbeobachter bezüglich der Schallgeschwindigkeit zu verschiedenen Ergebnissen." (Einstein & Infeld, 177)

Sollte sich die Kabine als Ganzes schneller als der Schall im ruhenden System bewegen, so wird der Außenbeobachter sogar zu dem Ergebnis kommen, daß sich der Schall im bewegten System nur in *einer* Richtung fortpflanzt, allerdings in zwei Wellenfronten, deren Abstand 2vt beträgt (wobei v die Schallgeschwindigkeit und t die Zeit bedeutet).

Die Frage ist jedoch, ob man dieses Ergebnis auf das Licht übertragen kann. Da die Eigenschaften des Äthers nicht bekannt sind, wissen wir nicht, ob die Wände der Kabine ihn mitführen können oder ob er dünn genug ist, die Kabine widerstandslos zu durchdringen. Wieder machen wir ein Gedankenexperiment. Dieses Mal erzeugen die Beobachter keine Schallwellen, sondern sie installieren in der Kabine eine Lichtquelle, die während der Bewegung der gläsernen Kabine permanent leuchtet.

Zwei Möglichkeiten stehen zur Wahl. Nach der ersten nimmt die mit ihrer Lichtquelle bewegte Kabine den Äther mit, nach der zweiten nicht. Welche Erscheinungen hätten wir im ersten Fall zu erwarten? Der Innenbeobachter würde gegenüber der ruhenden Kabine keinen Unterschied feststellen, das heißt, das Licht breitet sich nach allen Seiten mit gleicher Geschwindigkeit c aus. Ganz anders der Außenbeobachter. Er würde analog zum Schallexperiment beobachten, daß das Licht in Bewegungsrichtung der Kabine schneller als die Normalgeschwindigkeit c ist, während es entgegen der Bewegungsrichtung langsamer ist. Die Lichtgeschwindigkeit, so müßte der Außenbeobachter schließen, hängt von der Bewegung der Lichtquelle ab.

> „Ein Lichtschein, der von einer bewegten Lichtquelle ausgeht, muß unser Auge eher treffen, wenn diese Lichtquelle auf uns zukommt, später dagegen, wenn sie von uns fortstrebt. Wenn wir, so läßt sich weiter folgern, eine Geschwindigkeit erreichen könnten, die größer ist als die des Lichtes, so müßten wir einem Lichtsignal entkommen und bereits ausgesandte Lichtwellen einholen können. Wir würden dann vergangene Ereignisse an uns vorüberziehen sehen, allerdings in verkehrter Reihenfolge [...] Alles das ergibt sich logisch aus der Annahme, das bewegte System nähme den Äther mit und die mechanischen Transformationsgesetze hätten für das Licht Geltung." (Einstein & Infeld, 180)

Doch diese Folgerungen werden von den vorliegenden Experimenten widerlegt. Alle Experimente (Bradley, Arago, Airy, Fresnel, Michelson-Morley), alle Beobachtungen (etwa an Doppelsternen) legen übereinstimmend den folgenden Schluß nahe: *„Die Lichtgeschwindigkeit ist für alle Systeme dieselbe, ganz gleich, ob und wie die Lichtquelle sich bewegt“* (a.a.O., 181).

Versuchen wir es also mit Annahme zwei, derzufolge der Äther die Wände der Kabine ohne Widerstand durchdringt und nicht an ihrer Bewegung teilnimmt. Was sehen die beiden Beobachter?

> „*Außenbeobachter:* Mein System wird durch das Äthermeer verkörpert. Das Licht hat darin immer die gleiche Normalgeschwindigkeit. Ich brauche mich nicht darum zu kümmern, ob die Lichtquelle oder andere Körper sich bewegen oder nicht; denn der Äther macht diese Bewegungen ja in keinem Falle mit. Mein System ist anders als alle sonstigen Systeme, und die Lichtgeschwindigkeit muß darin immer den gleichen Standardwert haben, ganz gleich, in welche Richtung der Lichtstrahl fällt oder wohin die Lichtquelle sich bewegt. *Innenbeobachter:* Meine Kabine durchmißt das Äthermeer. Die eine Wand läuft also sozusagen vor dem Licht davon, die andere hintendrein. Wenn die Kabine relativ zum Äthermeer Lichtgeschwindigkeit hätte, dann würde das von ihrem Mittelpunkt ausgehende Licht niemals die ‚weglaufende‘ Vorderwand erreichen. Bewegte sie sich dagegen langsamer, dann müßte eine von ihrem Mittelpunkt ausgesandte Welle die ‚hinterdrein laufende‘ Wand eher erreichen als die ‚weglaufende‘.“ (a.a.O., 184 f.)

Unter der Annahme des ruhenden Äthers ist die Lichtgeschwindigkeit folglich in allen Systemen, die gleichförmig zu diesem bewegt werden, von der Geschwindigkeit des bewegten Systems und von der Richtung der Messung abhängig. Nur im ruhenden System ist sie in allen Richtungen gleich groß. Mit diesen beiden Voraussagen hat man zugleich ein *experimentum crucis* zur Verfügung, das die Frage entscheiden kann. Einstein und Infeld verweisen an dieser Stelle auf das Experiment von Michelson und Morley, „dessen Ergebnis einem Todesurteil für die Hypothese von dem ruhenden Äthermeer gleichkommt, in dem die gesamte Materie umhertreiben sollte“ (a.a.O., 185).

Wir hatten gesehen, daß man dieser Widerlegung entgehen kann, wenn man wie Fitzgerald und Lorentz annimmt, daß sich bestimmte physikalische Größen in bewegten Systemen verändern. Bei Berücksichtigung der „Lorentz-Kontraktionen“ wird die Messung der Lichtgeschwindigkeit von der Größe der Bewegung und von der Richtung der Messung unabhängig, sofern man annimmt, daß die Lichtgeschwindigkeit eine Grenzgeschwindigkeit ist, die ponderable Körper nicht erreichen, geschweige denn überschreiten können. Es ist daher nicht überflüssig, nach weiteren Argumenten gegen die Hypothese eines ruhenden Äthermeers zu suchen. Solche Argumente könnten sich zum Beispiel auf die Methode oder die metaphysische Basis der Ätherphysik beziehen.

Ein Argument der zweiten Art gegen den ruhenden Äther wird von Einstein und Infeld darin gesehen, daß es nach diesem „ein relativ zum Äthermeer ruhendes System geben muß. In der Mechanik sind all die vielen gleichförmig gegeneinander bewegten Systeme vollkommen gleichwertig, das heißt gleich ‚gut‘ bzw. ‚schlecht‘. Wenn wir es mit zwei gleichförmig gegeneinander bewegten Systemen zu tun haben, hat es in der Mechanik gar keinen Sinn, zu fragen, welches von beiden sich bewegt und welches ruht. Man kann nur relative Bewegungen konstatieren“ (a.a.O., 182). Auch der Begriff der absolut gleichförmigen Bewegung verliert in dieser Mechanik seinen Sinn.

Ganz anders verhält es sich in einer Welt, die durch einen ruhenden Äther bestimmt wird. Das Galileische Relativitätsprinzip ist in einer derartigen Welt außer Kraft gesetzt. Wie bei Aristoteles gibt es wieder absolute Ruhe und absolute Bewegung. Was heißt es, so fragen Einstein und Infeld,

> „wenn man sagt, es gebe nicht nur relative, sondern auch absolute gleichförmige Bewegung? Doch wohl nichts weiter, als daß

es ein System geben müsse, in dem andere Naturgesetze herrschen als in allen übrigen Systemen, so daß jeder Beobachter ohne weiteres feststellen kann, ob sein System ruht oder sich bewegt, wenn er die in seinem System geltenden Gesetze mit denen vergleicht, die für das andere, das einzige Normalsystem des Universums, maßgebend sind.“ (a.a.O., 183)

In einer 1907 erschienenen Arbeit hatte Einstein zugestanden, daß der „Widerspruch zwischen Theorie und Experiment durch die Annahme von H. A. Lorentz und Fitzgerald, nach welcher bewegte Körper in der Richtung ihrer Bewegung eine bestimmte Kontraktion erfahren, formell beseitigt wurde“ (Einstein 1907a, 412). Doch dies sei eine „ad hoc eingeführte Annahme“, ein „künstliches Mittel, um die Theorie zu retten“ (a.a.O., 413). Das Ergebnis des Michelson-Morley-Experiments sei eine natürliche Folgerung aus der Relativitätstheorie, während es aus der Lorentzschen Theorie erst im nachhinein, nach Anpassung an die Tatsachen, abgeleitet werden könne.

Das Ergebnis des Gedankenexperiments von Einstein und Infeld besteht darin, den Begriff des Äthers nicht mehr zu benutzen. Denn „alle unsere Bemühungen, dem Äther Realität zu verschaffen, sind gescheitert. [..] Wir sagen statt dessen einfach: Der Raum hat die physikalische Eigenschaft, Wellen weiterzuleiten.“

Folgende zwei Punkte sind nach Einstein ebenfalls experimentell bewiesen:

„1. Im leeren Raum ist die Lichtgeschwindigkeit stets konstant. Sie hängt weder von der Bewegung der Lichtquelle noch von der des Beobachters ab.
2. In zwei gleichförmig gegeneinander bewegten Systemen herrschen dieselben Naturgesetze. Es gibt keine Möglichkeit, eine absolut gleichförmige Bewegung zu konstatieren.“ (Einstein & Infeld 187)

Daraus ergibt sich noch eine weitere wichtige Folgerung: Wenn es keinen ruhenden Äther, keinen absoluten Raum und keine absolute Bewegung gibt, dann gibt es auch keine absolute Zeit. Die Unterscheidung, die Lorentz zwischen der wirklichen Zeit (die Zeit im ruhenden Äther) und der „Ortszeit" (die Zeit im bewegten System) getroffen hatte, wird hinfällig. Es gibt nur noch unendlich viele verschiedene „Ortszeiten", und das physikalische Problem reduziert sich darauf, diese so zu koordinieren, daß keine Widersprüche auftauchen. Überraschenderweise erwies sich diese Aufgabe als sehr leicht, denn die mathematischen Hilfmittel für die Umrechnung von einer Ortszeit in eine andere waren bereits entwickelt. Es waren die Regeln für die Koordinatentransformation von Lorentz und Fitzgerald.

> „Es bedurfte nur der Erkenntnis, daß man eine von H. A. Lorentz eingeführte Hilfsgröße, welche er ‚Ortszeit' nannte, als ‚Zeit' schlechthin definieren kann. Hält man an der angedeuteten Definition der Zeit fest, so entsprechen die Grundgleichungen der Lorentzschen Theorie dem Relativitätsprinzip, wenn man nur die obigen [Galileischen; K. F.] Transformationsgleichungen durch solche ersetzt, welche dem neuen Zeitbegriff entsprechen. Die Hypothese von H. A. Lorentz und Fitzgerald erscheint dann als eine zwingende Konsequenz der Theorie. Nur die Vorstellung eines Lichtäthers als des Trägers der elektrischen und magnetischen Kräfte paßt nicht in die hier dargelegte Theorie hinein; elektromagnetische Felder erscheinen nämlich hier nicht als Zustände irgendeiner Materie, sondern als selbständig existierende Dinge, die der ponderablen Materie gleichartig sind und mit ihr das Merkmal der Trägheit gemeinsam haben." (Einstein 1907a, 413)

Das „nur" im ersten Satz des vorangehenden Zitats ist natürlich eine Verniedlichung des Problems. Die Vorstellung einer überall gleichen Zeit ist nicht nur eine Rechenvorschrift der klassischen

Mechanik, sondern sie ist fest im Unterbewußtsein verankert. „Dieses Axiom und seine Willkür klar erkennen bedeutet eigentlich schon die Lösung des Problems“ (Einstein 1955, 20). An dieser Stelle verweist Einstein auf den Einfluß der kritischen Erkenntnistheorie von David Hume und Ernst Mach, der ihm die „Auffindung dieses zentralen Punktes“ sehr erleichtert habe.

Fassen wir zusammen: Einsteins Gedankengang zur Auffindung eines neuen grundlegenden Prinzips für die Lösung der Hauptprobleme an den Schnittstellen von klassischer Mechanik und Elektrodynamik besteht in folgenden Punkten:

1. Es besteht insofern ein Widerspruch zwischen klassischer Mechanik und Elektrodynamik, als die Gesetze der letzteren im Gegensatz zu denen der ersteren nicht kovariant in bezug auf Galilei-Transformationen sind.

2. Der Widerspruch hat seinen tieferen Grund darin, daß der Elektrodynamik ein Bezugssystem zugrunde liegt, das durch den ruhenden Äther definiert ist und absoluten Charakter hat, während in der klassischen Mechanik alle beschleunigungsfrei gegeneinander bewegten Systeme (Inertialsysteme) gleichwertig sind. Doch der Äther führt insofern ein „Gespenster-Dasein“, als keine seiner postulierten Eigenschaften dem Experiment zugänglich ist.

3. Wenn ein Äther bzw. ein absoluter Raum und damit ein vor allen anderen ausgezeichnetes Bezugssystem nicht feststellbar war, dann sollte die Theorie auch explizit davon ausgehen: Dieser Satz, daß kein Äther existiert, ist in der neuen Theorie zum Axiom zu erheben.

4. Wenn ein absolutes Bezugssystem (z. B. ein ruhender Äther) nicht existiert und das Licht relativ zu unserem Inertialsystem den Wert c hat, dann hat es auch in Relation zu allen anderen Inertialsystemen den Wert c. Auch dieser Satz muß ein Axiom der neuen Theorie werden.

5. Die operativen Konsequenzen dieser Annahme sind physikalisch real. Jede „Ortszeit“ ist die wirkliche Zeit des jeweiligen Inertialsystems. Um dies immer im Bewußtsein zu haben, spricht Ein-

stein nicht von „Längen“ und „Zeiten“, sondern von „Maßstäben“ und „Uhren“.

6. Alle Naturgesetze müssen in allen Bezugssystemen, die beschleunigungsfrei gegeneinander bewegt werden (Galilei-invariant sind), ihre Form bewahren. Sie müssen *kovariant* in bezug auf lineare Transformationen sein.

7. Dieser Forderung kann man genügen, indem man die Galilei-Transformationen durch die Lorentz-Transformationen ersetzt. Die Lorentz-Transformationen haben in der Relativitätstheorie insofern operativen Charakter, als sie aus dem Verhalten von Uhren und Maßstäben in verschiedenen zu koordinierenden Inertialsystemen logisch folgen.

8. Die neuen Transformationen gelten nicht nur für die Elektrodynamik, sondern für die gesamte Physik, somit auch für die Mechanik, da die alten Regeln bei höheren Geschwindigkeiten zu falschen Ergebnissen führen. Damit erhalten Elektrodynamik und klassische Mechanik ein gemeinsames Fundament. Die der Maxwellschen Theorie innewohnenden begrifflichen „Asymmetrien, welche den Phänomenen nicht anzuhaften scheinen“, verschwinden (Einstein 1905b, 891).

Der sechste Satz enthält das spezielle Relativitätsprinzip. Man kann ihn noch etwas präziser wie folgt formulieren: „Die Gesetze, nach denen sich die Zustände der physikalischen Systeme ändern, sind unabhängig davon, auf welches von zwei relativ zueinander in gleichförmiger Parallel-Translationsbewegung befindlichen Koordinationssystemen diese Zustandsänderungen bezogen werden (Relativitätsprinzip)“ (Einstein 1905c, 639; Einstein 1987ff., Bd. 2, 312). An anderer Stelle bestimmt Einstein das Relativitätsprinzip zusammen mit dem Prinzip von der Konstanz der Lichtgeschwindigkeit als „heuristisches Prinzip, welches für sich allein betrachtet nur Aussagen über starre Körper, Uhren und Lichtsignale enthält“. Das spezielle Relativitätsprinzip ist kein „‚System‘, in welchem implizite die einzelnen Gesetze enthalten wären, und nur durch Deduktion daraus gefunden werden könnten, sondern nur ein

Prinzip, das (ähnlich wie der zweite Hauptsatz der Wärmetheorie) gewisse Gesetze auf andere zurückzuführen gestattet" (Einstein 1907b, 206).

Das spezielle Relativitätsprinzip, und damit die Galilei-Invarianz, macht den Kern der speziellen Relativitätstheorie aus. Diese

> „weicht also von der klassischen Mechanik nicht durch das Relativitätspostulat ab, sondern allein durch das Postulat von der Konstanz der Vakuum-Lichtgeschwindigkeit, aus welchem im Verein mit dem speziellen Relativitätsprinzip die Relativität der Gleichzeitigkeit sowie die Lorentz-Transformationen und die mit dieser verknüpften Gesetze über das Verhalten bewegter starrer Körper und Uhren […] folgen." (Einstein 1916, 81)

Doch so klein der Unterschied, so gewaltig die Folgen! Die Konstanz der Vakuum-Lichtgeschwindigkeit zieht als logische Folgerung ein neues System von Koordinaten-Transformationen nach sich, das die klassischen Galilei-Transformationen ablöst. Die Lorentz-Transformationen machen die beiden Annahmen von der Konstanz der Lichtgeschwindigkeit c und der Gültigkeit der Galilei-Invarianz, die im Rahmen der klassischen Physik zu Widersprüchen führten, miteinander kompatibel. Nennen wir die drei Raumkoordinaten des einen Systems wieder x, y und z, die des anderen x', y' und z', wobei t und t' die Zeiten in den beiden Systemen und v wieder die Geschwindigkeit in S bezeichnen, so lauten die Regeln für den Übergang von einem Bezugssystem S zu einem anderen, gleichförmig in Richtung der x-Achse zum ersten bewegten Bezugssystem S' nun (vgl. Einstein 1907a, 420):

$$x' = ß(x-vt)$$
$$y' = y$$
$$z' = z$$

$$t' = ß(t - \frac{v}{c^2} x)$$

oder, wenn wir für x den Wert ct einsetzen:

$$t' = ßt(1-v/c)$$

Weitere Größen, die durch die Transformationen beeinflußt werden, sind zum Beispiel die Masse m und die kinetische Energie E_{kin} eines Körpers:

$$m' = ßm$$

$$E_{kin} = ßmc^2 \text{ (anstatt } \tfrac{1}{2}mc^2\text{, wie in der klassischen Mechanik)}$$

Dabei ist Einsteins ß nichts anderes als der Faktor k bei Lorentz. Und doch sind die neuen Transformationen bei Einstein eine Folge des Prinzips der Konstanz der Vakuum-Lichtgeschwindigkeit in allen Galilei-invarianten Systemen, keine ad hoc eingeführten Korrekturfaktoren zur Rettung einer Hypothese. Die Lorentz-Transformationen haben in der speziellen Relativitätstheorie *operativen* Charakter. Die Kontraktion bewegter Körper, die Verlangsamung der Zeit in bewegten Systemen, die Zunahme der Masse von bewegten Körpern – all dies verliert seinen geheimnisvollen und mystischen Charakter. Es ist nichts anderes als das Verhalten von Uhren, Maßstäben und Meßeinrichtungen in relativ zueinander bewegten Inertialsystemen, in denen Beobachter versuchen, ihre Wahrnehmungen und Messungen widerspruchsfrei zu koordinieren. Die Lorentz-Kontraktion, so hat es der Physiker und Philosoph Moritz Schlick 1922 formuliert, „erscheint jetzt nicht mehr als Wirkung des physikalischen Einflusses einer ‚absoluten Bewegung', sondern einfach als Folge unserer Methoden der Längen- und Zeitmessung" (Schlick 1922, 20).

So ist die Verlangsamung der Zeit, um nur ein Beispiel zu geben, die Folge des Umstandes, daß sich ein bewegtes System – eine Uhr – zwischen zwei Zeitmessungen ein Stück bewegt hat und somit der Lichtweg für die Übermittlung der zweiten Messung vergrößert (bzw. bei Annäherung der beiden Systeme verkleinert) ist. Die Verkürzung von Maßstäben in Bewegungsrichtung ist eine logische Folge des Umstandes, daß der Lichtweg von den beiden Enden des bewegten Maßstabes zum Beobachter im zweiten System unterschiedlich lang ist, usw. Für einen Beobachter, der sich im bewegten System befindet (auf dem Maßstab „reitet"), verkürzt sich dieser nicht. Alles verhält sich so wie in einem ruhenden System. Dagegen verändern sich jetzt gewisse physikalische Größen des anderen Bezugssystems. Da es kein ausgezeichnetes System mehr gibt, ist es reine Konvention, welches der Systeme wir als bewegt oder als ruhend ansehen wollen. Die Veränderungen sind *gemessene* Veränderungen, die in komplementärer Weise so variieren, daß Beobachter in beiden Systemen zu konsistenten Schlüssen kommen, wenn sie sich über ihre Messungen verständigen.

Um diesen wichtigen Punkt zu verdeutlichen und zugleich die Unterschiede zur Lorentzschen Theorie schärfer herauszuarbeiten, wollen wir noch ein weiteres Beispiel anschauen. Vom ruhenden System einer Experimentaleinrichtung her gesehen, vergrößern sich die Masse und die Energie des Elektrons bei Annäherung an die Lichtgeschwindigkeit. Zugleich verformt es sich zu einer Art Linse. In der Lorentzschen Theorie sind diese physikalischen Veränderungen dynamische Wirkungen des Ätherwindes. Ein Beobachter, der das Elektron begleiten würde, könnte die Verformung physisch wahrnehmen (und vermutlich an sich selbst spüren). Deshalb konnte es zum physikalischen Problem werden, wie sich die Ladung im so verformten Elektron verteilt und ob es stabil bleibt. Diese Frage stellt sich in der speziellen Relativitätstheorie nicht mehr (vgl. Einstein 1979c, 43f.). Der Standpunkt des Elektrons ist dem des Beobachters gleichwertig (wir nehmen an, daß das Elektron keine Beschleunigung mehr erfährt). Der das Elektron begleitende Beobachter sieht es im Zustand der Ruhe, während sich die relativ zum Elektron bewegte Experimentaleinrichtung entsprechend den Lorentz-Transformationen verformt.

d. Das Zwillingsparadoxon und $E = mc^2$

So einfach der Grundsatz des speziellen Relativitätsprinzips klingt, so verzwickt können die Beweise und die logischen Folgerungen sein. Eine der logischen Folgerungen aus der speziellen Relativitätstheorie betrifft ein scheinbares Paradoxon, das man später „Zwillingsparadoxon" genannt hat. Wenn sich die Zeit in einem bewegten System (vom Standpunkt eines anderen Inertialsystems) verlangsamt und wenn wir die Standpunkte wechseln können, weil es kein bevorzugtes System mehr gibt, dann können wir einen Widerspruch konstruieren. Ein Astronaut fliege mit einem fast lichtschnellen Raumschiff von der Erde zu einem anderen Stern in unserer Galaxis und wieder zurück zur Erde. Sein Zwillingsbruder ist Astrophysiker und bleibt auf der Erde. Er hat berechnet, daß die Rakete 30 Jahre unterwegs ist, wenn sie mit einer Durchschnittsgeschwindigkeit von 295 000 km/s, also nur ca. 5000 km/s langsamer als das Licht fliegt. In der Tat kehrt die Rakete nach 30 Jahren mit dem Astronauten zurück. Nach der Uhr des Astronauten sind seit dem Start 2,75 Jahre vergangen. Er ist kaum gealtert, während sein Zwillingsbruder, der Astrophysiker, inzwischen ein alter Mann geworden ist.

Das spezielle Relativitätsprinzip behauptet, daß es kein bevorzugtes Bezugssystem gibt. Wir können also die Standpunkte des Astronauten und des Astrophysikers ohne weiteres austauschen. Wir nehmen an, der Astronaut befinde sich im ruhenden System, während sich die Erde und das ferne Sternensystem (mitsamt dem Rest der Galaxis) bewegt. Wieder rechnen wir und stellen fest, daß das Resultat genau umgekehrt ist. Der Astronaut ist ein alter Mann und der Astrophysiker erscheint kaum älter als zuvor.

Damit haben wir einen Widerspruch, denn natürlich kann nur einer der Zwillingsbrüder am Ende der Reise älter als der andere sein. Doch welcher? Hierauf gibt die spezielle Relativitätstheorie in der Tat keine Auskunft. Einstein hat bald gemerkt, daß seine Lösung von 1905 nur eine Partiallösung darstellte. Die Lösung war unvollständig, weil sie nur Bezugssysteme einschloß, die sich relativ zueinander gleichförmig bewegen. Diese Einschränkung war willkürlich. In Wirklichkeit ist absolute Gleichförmigkeit nicht feststellbar. Alle Systeme sind durch Kräfte beeinflußt, von denen zumindest eine, die Gravitation der anderen Massen des Universums, nicht auszuschalten ist. Um zu besseren Lösungen zu kommen, war also die Beschränkung auf Inertialsysteme aufzugeben. Es war eine Theorie zu suchen, die *alle* Bezugssysteme einschloß. Dieses Programm hat Einstein bis 1916 mit der allgemeinen Relativitätstheorie verwirklicht. Vom Standpunkt der allgemeinen Relativitätstheorie aus löst sich das Zwillingsparadoxon auf, denn die beiden Bezugssysteme sind nicht gleichwertig. Das System des Astronauten unterliegt Kräften (Beschleunigungen), denen das des Astrophysikers nicht in diesem Maße ausgesetzt ist. Dieser dynamische Unterschied bedingt den Unterschied in den gemessenen physikalischen Größen.

Einstein blieben die Unvollkommenheiten der speziellen Relativitätstheorie nicht lange verborgen. Spätestens 1907 wußte er, daß sie nur eine Teillösung der Probleme darstellte. Sie handelte nur von Inertialsystemen und tat so, als seien diese gegenüber den beschleunigten Systemen physikalisch ausgezeichnet. Doch konnte man überhaupt in jedem Fall unterscheiden, ob man sich in einem Inertialsystem oder in einem beschleunigten System befand? Welche Rolle spielte die gemessene Gleichheit von träger und schwerer Masse? Warum waren beide identisch? Verbarg sich dahinter ein anderes, tieferes Prinzip? Und was war schließlich mit jenem seltsamen Resultat, das Einstein wenige Monate nach Abfassung der „Elektrodynamik bewegter Körper" bezüglich der Trägheit der Energie erhalten hatte? Dieses Resultat war eine logische Folgerung der speziellen Relativitätstheorie und daher Teil dieser Theorie. Worum ging es?

In einem dreiseitigen Artikel mit dem Titel „Ist die Trägheit eines Körpers von seinem Energieinhalt abhängig?" (Einstein 1905c, 639) hatte Einstein mit einfachen Mitteln bewiesen, daß die kinetische Energie eines Körpers abnimmt, wenn er Licht aussendet, „und zwar um einen von den Qualitäten des Körpers unabhängigen Betrag". Nach einer weiteren Umformung der erhaltenen Gleichung und wegen $E_{kin} = \frac{1}{2} mv^2$ erhält Einstein (bei Vernachlässigung von Größen vierter und höherer Ordnung) folgendes Resultat:

> „Gibt ein Körper die Energie L in Form von Strahlung ab, so verkleinert sich seine Masse um L/V^2 (in neuerer Terminologie: E/c^2 – K. F.). Hierbei ist es offenbar unwesentlich, daß die dem Körper entzogene Energie gerade in Energie der Strahlung übergeht, so daß wir zu der allgemeineren Folgerung geführt werden: Die Masse eines Körpers ist ein Maß für dessen Energieinhalt; ändert sich die Energie um L, so ändert sich die Masse in demselben Sinne um $L/9.10^{20}$, wenn die Energie in Erg und die Masse in Grammen gemessen wird." (a.a.O., 641)

Dies ist ein Ergebnis von höchster Tragweite. Daß ein schnelles Elektron durch elektrische Felder weniger abgelenkt wird und daher eine größere Masse haben muß, folgte bereits aus den Lorentzschen Transformationsregeln. Dies war eine experimentell testbare Folgerung. Schwerer sollte auch eine Rakete werden, die mit hoher Geschwindigkeit zu einem fernen Himmelskörper fliegt, obwohl ein Test hier sehr schwierig würde. Ein heißer Körper ist schwerer als ein kalter. Ein Atom, das Gammastrahlung aussendet, wird leichter. Das Radiumatom sollte also schwerer sein als die Summe seiner materiellen Zerfallsprodukte. Dies war ein *experimentum crucis*, das Einstein vorschlug, das aber mangels experimenteller Möglichkeiten 1905 noch nicht durchgeführt werden konnte. Einsteins Resultate vom September 1905 generalisieren den Massezuwachs von der kinetischen Energie, die schon Lorentz als Ursache der Massevergrößerung erkannt hatte, auf alle Energieformen.

Damit werden einige Tatsachen verständlich, die erst im Laufe der nächsten Jahrzehnte ans Tageslicht gefördert worden sind.

Nachdem die Erfindung des Massenspektrographen durch Aston die Physiker ab 1919 in die Lage versetzt hatte, die Atomgewichte der verschiedenen Elemente zu messen, wunderte man sich, warum das Gewicht der Atome sich nicht einfach aus der Addition der Summe der Gewichte ihrer Bestandteile ergab. Je nach Atomsorte gab es einen größeren oder kleineren „Massendefekt". Auf die richtige Interpretation dieses Massendefektes kam man erst in den dreißiger Jahren. Der Massendefekt ist äquivalent zur Bindungsenergie des jeweiligen Atoms. Je größer der Massendefekt, desto mehr Energie ist bei der Zusammenführung der Kernbestandteile freigeworden, desto mehr Energie ist also auch wieder notwendig, um den Kern in seine Bestandteile aufzubrechen. Weil Eisen einen sehr hohen Massendefekt hat, ist es eines der stabilsten Elemente. Uran oder Thorium haben wesentlich geringere Massendefekte, so daß man im Prinzip Energie gewinnen kann, wenn man es fertigbringt, einen solchen Kern in zwei leichtere Kerne mit größerem Massendefekt zu spalten. Dies ist die energetische Grundlage der Atombombe. Im Unterschied dazu wird die Energie bei der Fusionsbombe durch Zusammenführen sehr leichter Kerne mit geringer Bindungsstärke pro Nukleon (Kernbestandteil) zu etwas schwereren Kernen mit größerer Bindungsstärke pro Nukleon gewonnen. Energetische Grundlage beider Prozesse ist Einsteins $E = mc^2$.

Obwohl die spezielle Relativitätstheorie, was ihre Erklärungsleistung betraf, der von Lorentz zunächst kaum überlegen war, zeigte sich an diesem Beispiel ihr größeres heuristisches Potential: Sie führte zu weiteren theoretischen Entdeckungen. Sie verzichtete auf ad hoc-Annahmen, wie sie für die Lorentzschen Transformationsbedingungen kennzeichnend waren. Sie war sparsamer in ihren Voraussetzungen, und sie vereinheitlichte die Erklärungsprinzipien von Mechanik und Elektrodynamik.

Dennoch wäre es ein Irrtum zu glauben, die neue Theorie sei sofort mit offenen Armen aufgenommen worden. Im Jahr ihrer Veröffentlichung fehlte jede Reaktion. Ein Jahr später publizierte der bekannte Göttinger Experimentalphysiker W. Kaufmann (Ann. Phys. 19, 1906, 487) experimentelle Ergebnisse, die sich auf die von der Relativitätstheorie und der Lorentzschen Theorie prognostizierte Zunahme der Masse schnellbewegter Teilchen bezogen und die mit diesen Theorien im Widerspruch zu stehen schienen. Während Poincaré und Lorentz bereit waren, die Falsifikation der Lorentz-Transformationen zu akzeptieren, war Einstein darüber nicht sehr besorgt. Er gab zu,

> „daß die Theorien der Elektronenbewegungen von Abraham und Bucherer Kurven liefern, die sich der beobachteten Kurve (Kaufmanns Daten – K. F.) erheblich besser anschließen als die aus der Relativitätstheorie ermittelte Kurve. Jenen Theorien kommt aber nach meiner Meinung eine ziemlich geringe Wahrscheinlichkeit zu, weil ihre die Maße des bewegten Elektrons betreffenden Grundannahmen nicht nahe gelegt werden durch theoretische Systeme, welche größere Komplexe von Erscheinungen umfassen." (Einstein 1907a, 439)

Einstein überließ die Probleme der empirischen Überprüfung nicht völlig den Experimentalphysikern. Zwar hatte er im Patentamt nicht die Möglichkeit zu experimentieren, aber in einer kurzen Arbeit über „Eine neue Methode zur Bestimmung des Verhältnisses der transversalen und longitudinalen Masse des Elektrons" (Ann. Phys. 21, 1906, 583) versuchte er, den Experimentalphysikern die Arbeit zu erleichtern, indem er drei konkrete Prognosen machte, die auf den Theorien von Bucherer, Abraham und Lorentz-Einstein beruhten.

Auch Max Planck war nicht von der Endgültigkeit der Resultate überzeugt. Er zweifelte zwar nicht an den Kaufmannschen Messungen, meinte aber, daß im Augenblick nichts anderes übrig bleibe „als die Annahme, daß in der theoretischen Deutung der gemessenen Größen noch irgendeine wesentliche Lücke enthalten ist, welche erst ausgefüllt werden muß, ehe die Messungen sich zu einer definitiven Entscheidung zwischen der Kugeltheorie (Max Abrahams Theorie – K. F.) und der Relativtheorie verwerten lassen werden" (Planck, in: Phys. Z. 7, 1906, 758). In der Tat stellte sich heraus, daß andere Experimentatoren wie Bestelmeyer (Ann. Phys. 22, 1907, 429), Bucherer (Ann. Phys. 28, 1909 513), Wolz (Ann. Phys. 30, 1909, 273) und Neumann (Ann. Phys. 45, 1914, 529) zu abweichenden Messungen kamen. Überhaupt waren die experimentellen Ergebnisse zu Prognosen aus der Relativitätstheorie in den ersten Jahren mehrdeutig und schienen eher gegen die Theorie zu sprechen. Es dauerte zehn Jahre, bis man einigermaßen sicher war, daß „die Gültigkeit der Lorentzschen Formel, die Einstein später auch aus seiner Relativitätstheorie entwickelt hat, im Geschwindigkeitsbereich ß = 0,4 bis ß = 0,7 erwiesen (ist)", wogegen im Bereich von ß = 0,7 bis ß = 0,8 die „Formel noch nicht sichergestellt, aber auch nicht widerlegt (ist), da hier Mängel der Versuchsanordnung ins Spiel kommen" (Neumann, op. cit., 578).

Man wußte also, daß die Meßgenauigkeit noch zu wünschen übrig ließ und daß die Ergebnisse mit Vorsicht zu interpretieren waren. Selbst die Beweiskraft des Michelson-Experimentes bezüglich der Nichtexistenz des Äthers wurde mit guten Gründen angezweifelt, wenngleich die Zweifler sich nicht durchsetzen konnten. Dank der Unterstützung von Max Planck und der offenen Aufnahme der Theorie durch die nachrückende Generation – Born, Laue, Thirring, Flamm, Laub u. a. – wurde die Relativitätstheorie ab 1907 von einer Reihe von Physikern als Arbeitsinstrument akzeptiert. Das Unbehagen über die seltsamen Konsequenzen der Theorie, was die Auffassung von Raum und Zeit, den Energiesatz, die Konstanz der Masse etc. betraf, war damit freilich nicht beseitigt und hat die Diskussion noch über Jahrzehnte immer wieder neu entfacht (zu den Debatten nach 1905 siehe zusammenfassend Miller 1981).

In seinem „Nekrolog" fragt Einstein im Rückblick nach den „Erkenntnissen von definitivem Charakter, die die Physik der speziellen Relativitätstheorie verdankt". Er nennt vor allem zwei Punkte:

„1. Es gibt keine Gleichzeitigkeit distanter Ereignisse; es gibt also auch keine unvermittelte Fernwirkung im Sinne der Newtonschen Mechanik" (Einstein 1955, 23). Hier muß man gerechterweise einfügen, daß sich Newton darüber klar war, daß die Gravitation nicht unvermittelt über große Entfernungen wirken konnte. Sie braucht ein Medium, das sie überträgt. Welche Eigenschaften dieses Medium haben muß und wie die Vermittlung im einzelnen geschieht, hat Newton bis zum Ende offengelassen – abgesehen von einigen Andeutungen in den „Queries" der *Opticks* und in Briefen an Robert Boyle. Es ist ein Indiz für die große Bedeutung dieser Frage für Newton, daß er sogar an seinem Grundsatz, in seinem Hauptwerk spekulative Hypothesen nicht willkürlich einzuführen, in diesem Falle nicht festhält. Eines allerdings fehlt bei Newton: die Idee, daß die Ausbreitung der Gravitationskraft Zeit benötigt. Bei Einstein kommt die Zeit hinzu, dafür wird das materielle Medium, das die Kraft der Gravitation überträgt, fallengelassen und durch das Vakuum des Raumes ersetzt. Die Vermittlung der Kraft übernehmen Felder, die keinen Träger benötigen, sondern sich im leeren Raum nach bestimmten Gesetzen fortpflanzen.

Doch fahren wir fort in der Beschreibung der Leistungen der speziellen Relativitätstheorie durch Einstein.

> „Die Einführung von Fernwirkungen, die sich mit Lichtgeschwindigkeit ausbreiten, bleibt zwar nach dieser Theorie denkbar, erscheint aber unnatürlich; in einer derartigen Theorie könnte es nämlich keinen vernünftigen Ausdruck für das Energieprinzip geben. Es erscheint deshalb unvermeidlich, daß die physikalische Realität durch kontinuierliche Raumfunktionen zu beschreiben ist. Der materielle Punkt dürfte deshalb als Grundbegriff der Theorie nicht mehr in Betracht kommen.
> 2. Die Sätze der Erhaltung des Impulses und der Erhaltung der

> Energie werden zu einem einzigen Satz verschmolzen. Die träge Masse eines abgeschlossenen Systems ist mit seiner Energie identisch, so daß die Masse als selbständiger Begriff eliminiert ist." (Einstein 1955, 23)

Der Kosmos der speziellen Relativitätstheorie besteht der Idee nach aus Energiefeldern mit den materiellen Teilchen als Singularitäten des Feldes. Dieser Kosmos ist weiterhin euklidisch, wobei die Zeit als vierte Koordinate fungiert. Einstein korrigiert in seiner Autobiographie den „weitverbreiteten Irrtum, daß die spezielle Relativitätstheorie gewissermaßen die Vierdimensionalität des physikalischen Kontinuums entdeckt bzw. neu eingeführt hätte" und verweist darauf, daß auch der klassischen Mechanik

> „das vierdimensionale Kontinuum von Raum und Zeit zugrunde (liegt). Nur haben im vierdimensionalen Kontinuum der klassischen Physik die ‚Schnitte' konstanten Zeitwertes eine absolute, d. h. von der Wahl des Bezugssystems unabhängige, Realität. Das vierdimensionale Kontinuum zerfällt dadurch natürlich in ein dreidimensionales und ein eindimensionales (Zeit), so daß die vierdimensionale Betrachtungsweise sich nicht als notwendig aufdrängt. Die spezielle Relativitätstheorie dagegen schafft eine formale Abhängigkeit zwischen der Art und Weise, wie die räumlichen Koordinaten einerseits und die Zeitkoordinate andererseits in die Naturgesetze eingehen müssen." (Einstein 1955, 21f.)

Kein Grund also zur Mystifikation der Theorie. Die 1908 von Hermann Minkowski entwickelte neue mathematische Einkleidung der speziellen Relativitätstheorie mag mit daran Schuld sein, daß dem Laien bei der Erwähnung des Begriffs „Relativitätstheorie" zuweilen Schauer über den Rücken laufen. Hier wird u. a. von „Weltlinien", „Weltpunkten", „Weltpostulaten", „zeitartigen" und „raumartigen" Vektoren, von „Vorkegeln" und „Nachkegeln" in bezug auf die Möglichkeit der Ausbreitung des Lichts geredet. Begonnen hatte Minkowski diese wichtige Rede über „Raum und Zeit“ mit einem rhetorischen Paukenschlag: „Von Stund an sollen Raum für sich und Zeit für sich völlig zu Schatten herabsinken, und nur noch eine Art Union der beiden soll Selbständigkeit bewahren“ (Lorentz-Einstein-Minkowski, 54).

Die Arbeit von Minkowski, der bald darauf im mittleren Alter an einem Blinddarmdurchbruch starb, ist der Beginn der Mathematisierung der Relativitätstheorie. Seit sich die Mathematiker der Relativitätstheorie bemächtigt hätten, verstehe er sie selbst nicht mehr, hörte man Einstein bald klagen. Dennoch war diese Entwicklung notwendig, um die komplexen Eigenschaften und Folgerungen der neuen Ideen umfassend zu untersuchen und die Theorie zu erweitern. Einstein sah sehr bald, daß die Vernachlässigung der höheren Mathematik in seiner Studienzeit ein schwerer Fehler war. Er sah sich vor die schmerzliche Notwendigkeit gestellt, seine mathematischen Kenntnisse zu erweitern und insbesondere jene Mathematik zu erlernen, die er zur Formulierung einer verallgemeinerten Relativitätstheorie benötigte.

Die Leistung von Hermann Minkowski bei der weiteren Entwicklung der speziellen Relativitätstheorie hat Einstein im Rückblick wie folgt beschrieben:

> „Vor Minkowskis Untersuchung hatte man an einem Gesetze eine Lorentz-Transformation auszuführen, um seine Invarianz bezüglich solcher Transformationen zu prüfen; ihm dagegen gelang es, einen solchen Formalismus einzuführen, daß die mathematische Form des Gesetzes selbst dessen Invarianz bezüglich Lorentz-Transformationen verbürgt. Er leistete durch Schaffung eines vierdimensionalen Tensorkalküls für den vierdimensionalen Raum dasselbe, was der gewöhnliche Vektorkalkül für die drei räumlichen Dimensionen leistet. (Tensoren sind mathematische Ausdrücke für gerichtete Größen, wobei diese im Unterschied zu Vektoren mehrere Wirkungsrichtungen in

einem Ausdruck verknüpfen – K. F.) Er zeigte auch, daß die Lorentz-Transformation (abgesehen von einem durch den besonderen Charakter der Zeit bedingten abweichenden Vorzeichen) nichts anderes ist als eine Drehung des Koordinatensystems im vierdimensionalen Raume." (Einstein 1955, 22)

5. Vom Patentamt zur Universität: „... auch ein Offizieller von der Gilde der Huren“

Wir schreiben das Jahr 1905. Zweieinhalb Jahre sind nun vergangen, seit Einstein durch Marcel Grossmanns Hilfe eine Stelle beim Berner Patentamt erhielt, die seine Existenz sicherte und ihn vor „geistiger Verkümmerung“ bewahrte. Der frisch gekürte „Patentierknecht“ Albert Einstein hatte zunächst hart arbeiten müssen, um sich in seinem neuen Beruf zurechtzufinden, aber nach einigen Monaten fand er wieder genügend Zeit für die Physik.

> „Im Alter pries er sich sogar glücklich, daß er durch einen für ihn segensreichen praktischen Beruf der akademischen Tretmühle entronnen war, denn die ‚versetzt einen jungen Menschen in eine Art Zwangslage, wissenschaftliche Schriften in impressiver Menge zu produzieren – eine Verführung zur Oberflächlichkeit, der nur starke Charaktere zu widerstehen vermögen‘.“ (Einstein, nach Fölsing 1993, 122)

Nachdem Einstein im Frühjahr 1905 die Arbeit über die Lichtquantenhypothese, die Brownsche Bewegung, die neue Bestimmung der Moleküldimensionen und die Elektrodynamik bewegter Körper fertiggestellt und Publikationszusagen der *Annalen* hatte, war er in Hochstimmung. Noch einmal dachte er an seine frühere Absicht, den Grad des Doktors zu erwerben. Doch das gebrannte Kind scheut das Feuer. Bereits zweimal war die Sache schiefgegangen. Einstein wollte nicht noch einmal auflaufen. Andererseits, würde irgendwann eine bessere Gelegenheit als jetzt kommen? Doch dieses Mal wollte er es besser machen, und so klärte er die wichtigsten Fragen bereits im Vorfeld des eigentlichen Promotionsverfahrens. Da die zuständigen Herren an der Universität Zürich, unter ihnen wieder Professor Kleiner, mit der Arbeit über die Elektrodynamik offensichtlich wenig anfangen konnten und der Aufsatz über die Lichtquantenhypothese aufgrund seiner intellektuellen Waghalsigkeit ohnehin nicht in Frage kam, reichte er die am wenigsten auffällige Schrift als Dissertation ein. Dies war die Arbeit über „Eine neue Bestimmung der Moleküldimensionen".

Dieses Mal gab es keine Probleme. Kleiner befürwortete die Annahme der Arbeit, bat aber vorher noch um ein Gutachten des zuständigen Mathematikers, „da die Hauptleistung der Einstein'schen Arbeit in der Behandlung von Differentialgleichungen besteht" (Kleiner, in: Einstein 1987 ff., Bd. 5, 35 f.).

Nachdem dieser die Rechnungen „durchweg richtig gefunden" (dabei übersah er einen groben Rechenfehler) und Einstein seine „Pflichtexemplare" deponiert hatte, konnte der Kandidat seine Urkunde in Empfang nehmen. Ab 15. Januar 1906 durfte sich der Patentbeamte „Doktor Einstein" nennen. Beim dritten Anlauf hatte er also die Hürde genommen, wobei er sich zugute halten konnte, daß es eigentlich erst der zweite Versuch war, da er beim ersten Mal schon im Anlauf von Professor Weber gestoppt wurde.

Nachdem die drei anderen Arbeiten im Laufe des Jahres in den *Annalen der Physik* erschienen waren, wartete Einstein ungeduldig auf die Antwort der Fachgemeinschaft (zum folgenden vgl. auch Fölsing 1993, Kap. 6). Nach der üblichen Latenzzeit kam sie, zunächst tröpfelnd, doch aus vereinzelten Reaktionen wurde im Laufe der nächsten drei Jahre ein steter Strom. Dabei fiel die Antwort durchaus differenziert aus. Während die Arbeit über die Brownsche Bewegung sich schnell einen Platz in der Literatur zum neueren Atomismus und zu den Grundlagen der Thermodynamik sicherte, stand Einstein mit seiner Lichtquantenhypothese allein. Sie wurde als formal solide, aber intellektuell waghalsig bewertet. Nur Johannes Stark schien an ihr Gefallen zu finden.

Die Arbeit zur Elektrodynamik erregte schnell die Aufmerksamkeit einiger hochkarätiger Leser, die als Multiplikatoren wirkten: Max Planck und Paul Drude in Berlin, Wilhelm Wien in Würzburg, Arnold Sommerfeld in München. Auch Röntgen bat Einstein um ein „Separatum". Schüler und Doktoranden der Genannten wie Laue, Reiche, Laub sowie der noch nicht etablierte Nachwuchs an anderen Universitäten griffen die neuen Ideen auf. In Breslau wurden Born, Ladenburg und Loria zu Anhängern der Theorie. Besonders wichtig für die weitere Entwicklung war, daß Hermann Minkowski, Einsteins früherer Lehrer vom Polytechnikum, der jetzt in Göttingen war, Einsteins Arbeit ernst nahm. „Das hätte ich dem Einstein eigentlich nicht zugetraut", soll er einmal zu seinem Assistenten Max Born in bezug auf die Arbeit des ihm von früher bekannten Studenten gesagt haben (nach Fölsing 1993, 281). Aber er fand die „Darstellung seiner tiefsinnigen Theorie [...] mathematisch umständlich" (ebd., 353) und formal verbesserungswürdig. Über die mathematische Komplizierung der Theorie war Einstein zunächst nicht begeistert; ihren Wert erkannte er erst Jahre später beim Versuch ihrer physikalischen Verallgemeinerung.

Es mag die Aufnahme der Arbeit erleichtert haben, daß „Elektrodynamik bewegter Körper" ein feststehender Topos war, der schon von Hertz, Lorentz und vielen anderen, die an der elektromagnetischen Begründung der Mechanik gearbeitet hatten, benutzt worden war. Die Arbeit fand daher, da sie zudem mathematisch solide erschien, auf natürliche Weise als „neue Literatur zum Thema" in die Seminare, Fachversammlungen und Lehrbücher Eingang. Sie konnte auch mit vorliegenden und laufenden Experimenten in Beziehung gesetzt werden, machte sie doch trotz unterschiedlichem theoretischen Gerüst die gleichen Vorhersagen wie die Theorie von Lorentz. Der Patentexperte war, obwohl er strenggenommen als Amateur gelten mußte, in die Welt der theoretischen Physik aufgenommen worden. Er selbst bezeichnete seinen Status in dieser Phase seiner Entwicklung im Rückblick als den eines „Dilettanten".

Vielleicht wurde die Rezeption der Arbeit dadurch erleichtert, daß die meisten, die sie lasen, vom „Brotberuf" des Schreibers nichts wußten. Es wäre ihnen seltsam erschienen, daß der Autor jeden Tag der Woche, von Montag bis Samstag, acht Stunden hinter einem Pult im Eidgenössischen Amt für geistiges Eigentum zu Bern saß, Anträge auf die Erteilung von Patenten begutachtete und sich im übrigen der Physik nur an den Abenden oder am Sonntag widmen konnte. Da Einstein in der Beurteilung von Patentschriften unterdessen eine gewisse Routine erworben hatte, benutzte er allerdings sein Pult und damit auch einen Teil der Bürozeit für physikalische Studien. Ob er dabei die Billigung des Amtsleiters hatte, wissen wir nicht, aber nach Einsteins ersten Erfolgen können wir es vermuten.

Soweit wir wissen, war Max Laue der erste deutsche Physiker, der Einstein in Bern besuchte. Dies war im Sommer 1907, immerhin zwei Jahre nach der Publikation der drei Hauptarbeiten des Jahres 1905. In einem unveröffentlichten Brief, der von Fölsing zitiert wird, schildert Laue seinen Eindruck: „Dies ist ein Revolutionär [...] Er hat in den ersten zwei Stunden des Gesprächs die ganze Mechanik und Elektrodynamik umgestürzt, und zwar aus Gründen der Statistik" (Laue, Brief an Laub vom 2. 9. 1907, zit. nach Fölsing 1993, 240). Später kamen andere Besucher, Ladenburg aus Breslau, Laub aus Würzburg.

Bis zu diesem Zeitpunkt hatte Einstein keine wissenschaftlichen Kongresse besucht, um seine Ideen bekanntzumachen und sie mit den Kapazitäten der Physik zu diskutieren. Von solchen Veranstaltungen hielt er nicht viel, auch später nicht. Zudem hätte er dazu nur in den Ferien Zeit gehabt, und die waren in jenen Tagen knapp bemessen. Aber Einstein hatte bis 1907 eine beachtliche Zahl einschlägiger Aufsätze in den *Annalen der Physik* publiziert, und er dachte daran, sich stärker als bisher der Physik zu widmen. Offenbar hatten die Erfahrungen mit seinen akademischen Lehrern und seinen Korrespondenten die alten Ideale nicht ganz zerstört, glaubte er doch, dieses Ziel am ehesten durch eine direkte Beteiligung am akademischen Geschäft erreichen zu können. Eine Habilitation mit anschließender Privatdozentur an der Universität wäre dazu der passende Weg. Und wer weiß, vielleicht wäre es der erste Schritt zu einer akademischen Karriere.

Am 17. Juni 1907 reichte Einstein sein Habilitationsgesuch ein. Eine Habilitationsschrift legte er nicht vor. Er fügte dem Gesuch „17 Arbeiten aus dem Bereich der theoretischen Physik", seine Publikationen in den *Annalen*, hinzu. Heute würde man dies einen Antrag auf „kumulative Habilitation" nennen. Offenbar hatte er die Sache dieses Mal nicht vorher mit den entscheidenden Herren abgeklärt. Der Antrag des Erfinders der speziellen Relativitätstheorie, der Lichtquantenhypothese und der neuen Deutung der Brownschen Bewegung wurde abgelehnt! Die Kommissionsmitglieder erkannten die wissenschaftliche Bedeutung der eingereichten Schriften nicht, oder sie hielten sie nicht für ausreichend für die Verleihung der hohen akademischen Würde.

In den folgenden Monaten versuchte Einstein noch zweimal, das Patentamt zugunsten einer Stelle, die seinen wissenschaftlichen Interessen näher lag, zu verlassen. Am 3. Januar 1908 schreibt er an seinen Freund Marcel Grossmann wegen einer freigewordenen Stelle als Lehrer für Mathematik und Physik am Technikum Winterthur, an dem er in der harten Zeit der Stellensuche nach dem Examen schon einmal eine zweimonatige Vertretung wahrgenommen hatte. Doch aus der Sache wurde nichts.

Beim nächsten Versuch hatte Einstein sein Ziel schon heruntergeschraubt. Am 20. Januar 1908 bewarb er sich beim Erziehungsrat des Kantons Zürich auf eine Stelle als Mathematiklehrer am Literar- und Realgymnasium in Zürich (mit 20–25 Stunden Lehrverpflichtung pro Woche). Doch auch hier kam Einstein nicht in die engere Wahl (Einstein 1987ff., Bd. 5, 92f.).

Es ist interessant, Einsteins gescheiterte Bewerbungen mit der Entwicklung seiner wissenschaftlichen Ideen zu vergleichen. Gegen Ende des Jahres 1907, also kurz vor den beruflichen Mißerfolgen, hatte er auf Bitte des Herausgebers des *Jahrbuchs der Radio-*

aktivität und Elektronik, Johannes Stark, einen zusammenfassenden Artikel über seine Theorie verfaßt. Aus dem „Bericht" wurde eine neue Forschungsarbeit. Im letzten Abschnitt dieser Arbeit dachte er bereits weit über seine Publikationen aus dem Jahre 1905 hinaus und legte das Fundament für eine Erweiterung (die zugleich eine Korrektur bedeutete) der speziellen Relativitätstheorie. Einstein sieht einen Weg vor sich, der zur Verallgemeinerung des Relativitätsprinzips auf beliebige Bezugssysteme führt und auch die Gravitation mitumfaßt.

Parallel zu seiner erfolglosen Suche nach einer passenderen Stelle hatte Einstein sich offenbar doch an die von der Universität Bern geforderte Fleißarbeit gemacht. Bereits im Februar lag sie der Fakultät vor. Kleiner wunderte sich: „Das haben Sie ja sehr prompt besorgt, das mit der Habilitationsschrift" (Einstein 1987ff., Bd. 5, 95), und er gibt einige Ratschläge, wie Einstein nochmalige Schwierigkeiten oder Verzögerungen verhindern könne. Doch der Fakultät konnte es dieses Mal nicht schnell genug gehen. Vielleicht drängte das schlechte Gewissen infolge der vorangehenden Abweisung, bei der auch persönliche Querelen eine Rolle spielten, zur Eile. Vielleicht fürchtete man um den Ruf der Universität, vielleicht fürchteten die verantwortlichen Physiker und Mathematiker auch nur um den eigenen. Genau wissen wir es nicht. Jedenfalls, „das Verfahren wurde ‚prestissimo' abgewickelt" (Fölsing 1993, 273). Bereits am 28. Februar 1908 fanden Probevorlesung und Kolloquium statt. Wenige Tage später erhielt Einstein die Urkunde. Von der Habilitationsschrift kennen wir nur den Titel: „Folgerungen aus dem Energieverteilungsgesetz der Strahlung schwarzer Körper, die Konstitution der Strahlung betreffend". Einstein hat die Arbeit nicht aufbewahrt.

Im Sommersemester 1908 bot Einstein sein erstes Kolleg über „Molekulare Theorie der Wärme" an der Universität Bern an. Zeit: Dienstag und Sonnabend zwischen 7 und 8 Uhr in der Frühe, also vor Dienstbeginn im Patentamt. Ort: Alte Sternwarte. Er meldete drei Hörer. Zwei von ihnen waren Kollegen vom Patentamt, einer war an der Post- und Telegraphenstation beschäftigt, allesamt gute Freunde Einsteins. Im nächsten Semester las er nur noch einstündig über „Theorie der Strahlung", mittwochs zwischen 18 und 19 Uhr. Vielleicht war ja die Zeit schuld, daß die Studenten nicht kamen. Und in der Tat, diesmal kamen sie. Genauer gesagt, es kam einer, und der war kein Student der Physik, sondern der Versicherungsmathematik und hieß Max Stern. Als die drei Kollegen und Freunde nicht mehr wollten (oder konnten), blieb nur noch der einsame Student Stern als Hörer zurück. Einstein sagte die Veranstaltung ab.

Immerhin hatte er jetzt einen Fuß in der Tür zur Universität und hoffte schon wieder auf eine neue Stelle. An der Universität Zürich sollte ein Extraordinariat für Theoretische Physik eingerichtet werden, keine reguläre Professur, sondern eine schlechter bezahlte Stelle für diesen nun nicht mehr zu vernachlässigenden mathematisierten Zweig der Physik. Den Plan dazu hatte Professor Kleiner, Einsteins „Doktorvater", bereits seit längerem. Einstein bewarb sich, und die übliche „Springprozession" begann. Nach verwickelten Auseinandersetzungen, in deren Verlauf ein aussichtsreicherer Kandidat, Walter Ritz, wegen einer Tuberkulose ausschied, ein anderer aussichtsreicherer (da politisch protegierter) Kandidat, Friedrich Adler, seine Meinung über sein Berufsziel änderte, erhielt Einstein die Stelle. „Nun bin ich also auch ein offizieller von der Gilde der Huren etc.", schrieb er am 19. Mai 1909 an Jakob Laub (Einstein 1987 ff., Bd. 5, 188), der im Frühjahr des vorangehenden Jahres für einige Monate in Bern gewesen war, um mit dem von ihm bewunderten Umstürzler aus dem Patentamt zu arbeiten.

6. Der Aufstieg in den Olymp: Vom Extraordinarius zum Mitglied der kgl. Preussischen Akademie der Wissenschaften

Zum Wintersemester 1909/1910 begann Einstein mit seinen Veranstaltungen. Sein Gehalt war etwa gleichgeblieben, obwohl die Position normalerweise geringer dotiert war als seine Stelle am Patentamt in Bern. Für dieses Zugeständnis der Fakultät mußte er statt vier bis sechs allerdings sechs bis acht Stunden wöchentlich lesen. Immerhin, Einstein war nun, obwohl er auf solche Äußerlichkeiten keinen Wert legte, „Herr Professor". Er korrespondierte von Gleich zu Gleich mit allen Kapazitäten seines Faches, von Max Planck, Wilhelm Wien, Johannes Stark, Jean Perrin bis H. A. Lorentz, der ihm immer ein intellektuelles und menschliches Vorbild war. Auf der 81. Versammlung der *Gesellschaft deutscher Naturforscher und Ärzte* in Salzburg hielt Einstein seinen ersten großen Vortrag vor reinem Fachpublikum. Viele bekannte Namen sind im Protokoll verzeichnet, unter anderen: James Franck, Otto Hahn, Friedrich Hasenöhrl, Lise Meitner, Gustav Mie, Max Planck, Heinrich Rubens, Arnold Sommerfeld, Johannes Stark, Wilhelm Wien, Woldemar Voigt (vgl. Fölsing 1993, 864, Anm. 96). Erstmals hatte die Gemeinschaft der Physiker Gelegenheit, den neuen schweizerischen Kollegen mit den, je nach Geschmack, aufregenden oder umstürzlerischen Ideen in Augenschein zu nehmen, das „Tier zu visitieren", wie sich Einstein in einem anderen Kontext ausdrückte (Brief von Einstein an Laub vom 19. 5. 1909, in: Einstein 1987 ff., Bd. 5, 188).

Diesen Test bestand er mit Bravour, obwohl er mit seiner Lichtquantenhypothese offenbar nur bei Johannes Stark auf Sympathie stieß – jenem Physiker und Nobelpreisträger, der später (zusammen mit Philipp Lenard) ins Lager der Antisemiten und extremen Nationalisten abdriftete und sein schärfster Gegner wurde. Doch von solchen Konflikten, die erst vor dem Hintergrund des verlorenen Weltkriegs verständlich werden, spürte man in Salzburg noch nichts. In jenem Vortrag hatte Einstein erstmals bewiesen, daß zur Erklärung von Strahlungsvorgängen sowohl eine wellentheoretische als auch eine korpuskulare Komponente notwendig ist und „daß die beiden Struktureigenschaften (Undulationsstruktur und Quantenstruktur), welche gemäß der PLANCKschen Formel beide der Strahlung zukommen sollen, nicht als miteinander unvereinbar anzusehen sind" (Einstein 1909, 500). In diesen Ausführungen kann man im Rückblick den Ursprung des quantentheoretischen Dualismus sehen – ein Dualismus, der auch heute noch nicht überwunden ist.

Von nun an war Einstein auch als Kongreßredner ein gerngesehener Gast. Doch diese Rolle gefiel ihm nicht sonderlich. Obwohl manchmal zweckmäßig, notwendig oder unvermeidlich, war es für ihn eine Form öffentlichen Imponiergehabes, die den Wissenschaftler von seiner eigentlichen Aufgabe, der Erkenntnis der Natur und der Entwicklung der Wissenschaft, abhielt. Eine Einstellung, die man dem wissenschaftlichen *Jet-Set* zur Beachtung empfehlen sollte! Noch eine andere Regel Einsteins wäre nachahmenswert: nur dann zu publizieren, wenn man wirklich etwas Neues zu sagen hat (Einstein 1987ff., Bd. 5, 265) und nicht das Kommunikationssystem der Wissenschaft durch überflüssige „Papers" zu verstopfen.

Normalerweise gilt der „Prophet" nichts im eigenen Lande. So war es auch in diesem Falle. Doch Einsteins Ansehen wuchs auch an seiner Heimatuniversität, nachdem die Zahl der weltbekannten Besucher anstieg. Walther Nernst aus Berlin und Arnold Sommerfeld aus München kamen, um Probleme der spezifischen Wärme, der Quanten und der Relativität mit dem neuen Zürcher Extraordinarius zu diskutieren. Das heikelste Thema waren die Lichtquanten. Planck, Lorentz, Laue und fast alle anderen bezweifelten ihre Existenz und versuchten Einstein von diesem Irrweg abzubringen. Im Gegenzug versuchte Einstein seine Diskussionspartner von der Unhaltbarkeit der bisherigen Vorstellungen zu überzeugen und die Quanten in ein differenzierteres Bild der Strahlungsvorgänge zu integrieren. Nur an den Quanten der Wärme schien nach den Messungen von Nernst an festen Körpern bei sehr tiefen Temperaturen kein Zweifel mehr möglich. „Die Quantentheorie steht mir fest. Meine Voraussagen inbetreff der spezifischen Wärmen scheinen sich glänzend zu bestätigen", stellte Einstein am 6. 3. 1910 in einen Brief an Laub fest (Einstein 1987 ff., Bd. 5, 232).

Ein weiteres Indiz für das gestiegene Ansehen war, daß Einstein immer häufiger Angebote von Herausgebern und Verlegern ablehnen mußte. „Nach reiflicher Überlegung muss ich Ihr verlockendes Anerbieten leider ablehnen. Ich habe so viel übernommen und soviel angefangen, ohne es zu vollenden, dass ich jeder neuen Pflicht aus dem Weg gehen muß", schreibt er am 22. 9. 1910 an Leo Graetz, den Herausgeber des *Handbuchs der Elektrizität und des Magnetismus* (Einstein 1987 ff., Bd. 5, 264). Diese Reaktion steht exemplarisch für viele Absagen, die Einstein in dieser Zeit verschickte.

In seiner neuen Rolle als Professor fühlte sich Einstein sichtlich wohl, auch wenn er darüber klagt, daß wegen der Vorbereitung der Vorlesungen seine wirkliche freie Zeit weniger sei als in Bern (Einstein 1987 ff., Bd. 5, 218, 224). „6 Stunden wöchentlich und ein Abend Seminar scheint wenig, ist aber viel", wenn man die Sache ernst nehme, schreibt er am 31. 12. 1909 an Jakob Laub (a.a.O., 226) – den Wissenschaftsministern sei's ins Stammbuch geschrieben.

Schon ein halbes Jahr nach Dienstantritt in Zürich erfuhr Einstein, daß er für eine ordentliche Professur an der „k. k. deutschen Carl-Ferdinands-Universität" in Prag vorgeschlagen worden sei. Die Fakultät habe ihn aufgrund seiner Leistungen in der theoretischen Physik an erste Stelle der Liste gesetzt. An zweiter Stelle stand

Gustav Jaumann aus Brünn. Wie nicht anders zu erwarten, gab es die üblichen Rangeleien, die verletzten Empfindlichkeiten, die taktischen Spielchen. Das Ministerium zog allerdings den Zweitplazierten vor, weil es einen Kandidaten aus der k. u. k. Monarchie und keinen Ausländer wollte. Einstein schrieb an seine Bekannten, daß es wohl mit Prag doch nichts werde. Doch Jaumann war beleidigt, weil ihn die Fakultät an zweite Stelle gesetzt hatte und offenbar „der Modernität nachjage" (a.a.O., 256), und ließ die Sache platzen. Nun war Einstein am Zug.

Eine Hürde galt es noch zu überwinden, die Religionszuschreibung. Kaiser Franz Joseph war der Ansicht, daß jeder, der in seinem Reich Beamter werden wollte, einen Glauben haben müsse, egal welchen, aber einen Glauben. Und staatlich anerkannt mußte er sein. Menschen, die keiner Gruppe angehörten oder sich nicht zu ihrer Gruppe bekennen wollten, waren den Zeitgenossen schon immer verdächtig. Vielleicht gehörten sie gar einer verbotenen Gruppe an, waren Freimaurer, Atheisten, Anarchisten oder was die Phantasie sonst noch eingeben mochte. Der liberale Freigeist Einstein, dem solche Überlegungen fremd waren, hatte sich naiverweise in einer Anfrage als „konfessionslos" eingestuft. Auf den Fauxpas aufmerksam gemacht, korrigierte er den Eintrag als „Versehen" und deklarierte sich kurzerhand als „mosaisch". Ein Fall von erzwungener „Selbstetikettierung".

Am 17. Sept. 1910 erhielt er die offizielle Anfrage aus Wien (Einstein 1987 ff., Bd. 5, 255). Da die Universität Zürich kein Gegengebot machte, das Einstein zum Bleiben veranlassen konnte, akzeptierte er die Offerte. Eine Petition der Studenten, „das bestmögliche zu thun, um unserer Universität diesen hervorragenden Forscher & Dozenten zu erhalten" (a.a.O., 243), hatte keine Wirkung. Die Ernennung wurde am 15. Dezember 1910 eingeleitet und am 6. Januar 1911 vom Kaiser unterschrieben. Am 13. Januar erhielt er die von Graf Karl von Stürgkh, dem Minister für Kultus und Kultur, unterschriebene Ernennungsurkunde. Einstein sollte am 1. April 1911 beginnen; seine Lehrverpflichtung betrug nicht mehr 6–8 Stunden wie in Zürich, sondern nur mehr gnädige 5 Stunden, so daß mehr Zeit fürs Nachdenken blieb. Abgesehen von der höheren Dotierung der Stelle war dies für Einstein die positive Seite der Sache. Eher lästig war, daß er österreichischer Staatsbürger werden mußte. Doch dies waren die Konditionen des Vertrages, und man konnte damit leben (a.a.O., 271f.). Ende März 1911, nach drei Semestern in Zürich, zog die Familie Einstein mit Kind und Kegel nach Prag um. Als Nachfolger von Einstein wird der Holländer Peter Debye berufen.

Der erste Eindruck von Prag ist gemischt. „[...] eine schöne Stadt zum Ansehen. Die Leute sind je nach ihrem Schicksal hochmütig, schäbig-gentil, unterwürfig. Sie sind Meister im Kochen (und) eine gewisse Grazie ist vielen von ihnen eigen." Allerdings, „die Animosität zwischen Deutschen & Tschechen scheint bedeutend." In einem anderen Brief: „Mir gefällt es recht gut, wenn auch Prag kein Zürich ist. Ich habe ein Institut mit ziemlich guter Bibliothek und wenig Berufspflichten." Im übrigen sei vieles anders. „Die Luft voll Russ, das Wasser lebensgefährlich [...] (es gibt) Wanzen." Allerdings: „Die Tschen sind [...] viel harmloser als man denkt" (Einstein 1987ff., Bd. 5, 289, 293, 294).

Am 9. Juni 1911 erhält Einstein eine Einladung des belgischen Industriellen Ernest Solvay zur Teilnahme an einem wissenschaftlichen Kongreß über die aktuellen Probleme der Molekulartheorien und der Kinetik. Dies war der erste einer Reihe bedeutender „Solvay-Konferenzen zur Physik", von denen bis 1970 vierzehn weitere stattfanden (vgl. Mehra 1975). Die Kongreßakten des ersten Treffens sind unter dem Titel „Die Theorie der Strahlung und der Quanten" (Eucken 1913) veröffentlicht worden. Es war ein bedeutendes Ereignis mit hochkarätiger internationaler wissenschaftlicher Besetzung, bei dem viele der Fragen, die Einstein in den vorangegangenen Jahren beschäftigt hatten, diskutiert wurden. Anwesend waren neben Lorentz, der als Präsident fungierte: Nernst, Planck, Rubens, Wien, Sommerfeld und Warburg aus Deutschland, Lord Rayleigh, Jeans und Rutherford aus England,

Brillouin, Langevin, Poincaré, Curie und Perrin aus Frankreich, Kamerlingh-Onnes und van der Waals aus Holland, Knudsen aus Dänemark und schließlich Hasenöhrl und Einstein aus Österreich.

Einstein sprach „Zum gegenwärtigen Stande des Problems der spezifischen Wärme" und somit über den wichtigsten Aktivposten, den die Quantentheorie aufzuweisen hatte. An Heinrich Zangger berichtet er nach Abschluß der Tagung seine Eindrücke:

> „H. A. Lorentz ist ein Wunder von Intelligenz und feinem Takt. Ein lebendiges Kunstwerk. Er ist nach meiner Meinung immer noch der intelligenteste unter den anwesenden Theoretikern gewesen. Poincaré war allgemein ablehnend, zeigte bei allem Scharfsinn wenig Verständnis für die Situation. Planck ist verrannt in einige ohne Zweifel falsche vorgefasste Meinungen [...] aber wissen thut keiner was. Die ganze Geschichte wäre ein Delicium für diabolische Jesuitenpatres gewesen." (Einstein 1987ff., Bd. 5, 349)

Einen Namen hatte Einstein in seiner Aufzählung vergessen: Ernest Rutherford. Der Neuseeländer hielt keinen Vortrag, aber während andere noch darüber stritten, ob Atome existierten, hatte er im Jahr des Kongresses experimentelle Beweise vorgelegt, die zeigten, daß die gesamte Masse des Atoms in einem winzigen Zentralbereich („Kern") vereinigt war. Für die folgenden zwanzig Jahre war Rutherford im Zentrum jenes neuen Teilbereichs der Physik, der sich seit den Entdeckungen von Becquerel und Marie und Pierre Curie herauszubilden begann, der Kernphysik. Ein anderer fehlte: Niels Bohr. Von ihm stammte der nächste Durchbruch in der Kernphysik, die Anwendung der Quantentheorie aufs Atom. Sie führte ihn 1913 zu jenem Modell, in dem die negativ geladenen Elektronen auf festen „gequantelten" Bahnen einen massiven positiv geladenen Kern umkreisen wie die Planeten die Sonne – ein Modell, das noch heute viele Schulbücher ziert.

Wo Einstein an der Unübersichtlichkeit der Lage schier verzweifelte, fand Bohr einen Ausweg, der die Ordnung in vielen Bereichen wieder herstellte. Einstein im Rückblick:

> „Es war, wie wenn einem der Boden unter den Füßen weggezogen worden wäre, ohne daß sich irgendwo fester Grund zeigte, auf dem man hätte bauen können. Daß diese schwankende und widerspruchsvolle Grundlage hinreichte, um einen Mann mit dem einzigartigen Instinkt und Feingefühl Bohrs in den Stand zu setzen, die hauptsächlichsten Gesetze der Spektrallinien und der Elektronenhüllen der Atome nebst deren Bedeutung für die Chemie aufzufinden, erschien mir wie ein Wunder – und erscheint mir auch heute noch als ein Wunder. Dies ist höchste Musikalität auf dem Gebiete des Gedankens." (Einstein 1955, 17)

Im Sommersemester 1911 sammelte Einstein auch erste Erfahrungen mit den Prager Studenten. Bereits im Juli hatte er sich beklagt, daß diese weniger intelligent und strebsam als jene in der Schweiz seien. Im August hat sich das Bild weiter verdüstert. „Die Studenten sind nicht sehr eifrig für die Sache, das Institut für Experimentalphysik ist ärmlich, und es ist überhaupt kein rechter Schwung in der Sache. Ich arbeite sehr eifrig, aber nicht gerade mit viel Erfolg. Fast alles, was mir einfällt, muss ich wieder verwerfen [...] Die relativitätstheoretische Behandlung der Gravitation macht ernstliche Schwierigkeiten" (Einstein 1987 ff., Bd. 5, 308 f.).

Obwohl nach eigener Einschätzung die Arbeit ins Stocken geraten war, galt Einstein als gefragter Mann. Er wurde zum Wunschkandidaten so mancher Fakultät, an der gerade eine passende Stelle frei wurde. Im November fragte Utrecht an, und auch in Zürich schien sich etwas anzubahnen, wie ihm Heinrich Zangger berichtete, der mit Marcel Grossmann für Einstein warb. Einstein sieht es mit gemischten Gefühlen. Er kommt sich vor „wie Heines Esel zwischen den beiden Heubündeln; da ist es besser, man ist in irgend einer Weise vom Schicksal gezwungen." (Einstein 1987 ff.,

Bd. 5, 325). Im Januar 1912 fragte George Pegram im Namen der Columbia University an, ob Einstein eine Reihe von Gastvorlesungen in New York halten wolle. Im Februar erhält Einstein einen Brief von Lorentz, der ihn in große Gewissensnöte stürzt. Lorentz teilt ihm mit, er wolle sich auf ein Extraordinariat zurückziehen und habe ihn als seinen regulären Nachfolger an der Universität Leiden vorgeschlagen (a.a.O., 409). Im April des gleichen Jahres ist Einstein in Berlin, um mit Nernst, Haber, Warburg und Rubens über eine hohe Position bei der Physikalisch-Technischen Reichsanstalt zu verhandeln. Im Juni 1912 machte die Universität Wien ein äußerst lukratives Angebot, indem sie Einstein für den Fall eines Kommens ein Gehalt von 20 000 Kronen (gegenüber 8400 in Prag) in Aussicht stellte.

Bis Ende des Jahres 1911 klärte sich die unübersichtliche Lage. Das Angebot aus Utrecht war attraktiv, die Nähe zum großen Lorentz beinahe unwiderstehlich. Doch Zürich erwies sich als der stärkere Magnet. Sein Entschluß stand fest, und er fand ihn bei reiflicher Überlegung gut. „Hier habe ich ein geräumiges Institut, eine prächtige Bibliothek dazu und habe nicht mit Schwierigkeiten der Sprache zu kämpfen, was bei meiner argen Schwerfälligkeit im Erlernen von Sprachen sehr ins Gewicht fällt!" (Brief an Willem Julius vom 15. 11. 1911, in: Einstein 1987 ff., Bd. 5, 347). Das Argument scheint kein bloß rhetorisches zu sein, wissen wir doch, daß Einstein bis zum Ende seines Lebens nicht richtig Englisch lernte, obwohl er nach 1933 noch 22 Jahre in den USA lebte. Dennoch gab es auch noch „persönliche Skrupel", die ihn von Utrecht fernhielten. Seine „Hauptsorge" sei es gewesen, so erklärt er bedauernd in einem Brief an Lorentz,

> „dass ich nicht wußte, ob es Ihnen recht sei, wenn ein Ausländer nach Utrecht käme [...] Ich schreibe diesen Brief mit schwerem Herzen, wie einer, der seinem Vater eine Art Unrecht zugefügt hat [...] Sie fühlen es sicher, daß ich eine unbegrenzte Verehrung für Sie fühle. Wenn ich gewusst hätte, dass Sie es wün-

schen, dass ich nach Utrecht gehe, so wäre ich hingegangen. Aber es ist doch begreiflich, dass ich es nicht wagte, Sie zu fragen." (Einstein 1987 ff., Bd. 5, 358 f.)

Da Einstein schon mit Debye gesprochen hatte, den man im Falle seiner Absage als Kandidat für Utrecht vorgesehen hatte, war nichts mehr zu ändern.

Im Februar 1912 machte Lorentz noch einen zweiten Versuch, Einstein für eine holländische Universität zu gewinnen. Er offerierte ihm seine eigene Stelle! Dieses Angebot wäre geeignet gewesen, noch einmal alles umzukippen – wäre es nur wenige Monate früher gekommen. Er hätte es nicht ohne zwingenden Grund ablehnen können, selbst wenn er es gewollt hätte. Hendrik A. Lorentz – der unbestrittene Altmeister der physikalischen Wissenschaft, dem gegenüber er selbst ein „Gefühl geistiger Inferiorität" (!) empfand – hatte ihn, Albert Einstein, als seinen Nachfolger auserkoren! Wenn es eine Symbolik gab, die anzeigte, wer nun die intellektuelle Leitfigur in der Physik war, dann die Lorentz-Nachfolge. Einstein sah sich durch den Brief von Lorentz in eine „fieberhafte Unruhe" (a.a.O., 411) versetzt. Er muß schwer mit sich gerungen haben, und es ist nicht einfach zu sagen, warum er das Angebot ausschlug und Zürich den Vorzug gab.

Zwei Gründe mögen ausschlaggebend gewesen sein. Zum einen hatte er nur zwei oder drei Tage vor dem Erhalt des Lorentz-Briefes den Ruf nach Zürich schriftlich angenommen. Zum zweiten gab es an der ETH alte Freunde – vor allem die Professoren Zangger und Grossmann –, die sich sehr für seine Berufung eingesetzt hatten und die er kompromittieren würde, wenn er sich jetzt zurückzöge. Solche persönlichen Erwägungen hatten für Einstein eine große Bedeutung. Vielleicht gab es noch einen dritten Grund, der mit den großen Erwartungen zusammenhing, die man an einen Nachfolger von Lorentz richten würde. Einstein empfand es so: „Auf Ihrem Lehrstuhl zu sitzen hätte allerdings etwas unsagbar Drückendes für mich. Ich kann dies nicht weiter analysieren, aber ich bemitleidete immer den Kollegen Hasenöhrl, dass er auf dem Stuhle Boltzmanns sitzen muss" (a.a.O., 411).

Dies scheint kein vorgeschobener Grund zu sein. Noch ein Jahr danach, etwa zwischen dem 20. und dem 24. Dezember 1912, schrieb er an Paul Ehrenfest, der mittlerweile in Leiden war: „Sie leben jetzt in einer unvergleichlichen wissenschaftlichen Gegend, die aber natürlich auch schreckliche Anforderungen an Sie stellen wird. Als mich Lorentz damals rief, empfand ich ein unleugbares Gruseln!" (a.a.O., 509). Einsteins Entschluß war also begründet, wie immer man diese Gründe beurteilen mag. Im Juli zieht er mit Familie von Prag nach Zürich zurück, um im Wintersemester seine Vorlesungstätigkeit an der ETH aufzunehmen.

Auch wissenschaftlich gab es wieder neue Hoffnungen, zwar nicht in der Theorie der Quanten, die hoffnungslos verfahren schien, aber in der Weiterentwicklung der Relativitätstheorie. Einstein hat geschuftet „wie ein Ross" und die Theorie des statischen Gravitationsfeldes auf der Basis der Äquivalenz von Gravitation und Beschleunigung ausgearbeitet (Einstein 1987 ff., Bd. 4, 130 ff.). Bereits im August des gleichen Jahres 1912 sucht er mit der Hilfe von Marcel Grossmann nach neuen mathematischen Grundlagen einer verallgemeinerten Theorie der Gravitation und der Relativität. Er stößt auf den absoluten Differentialkalkül von Ricci und Levi-Civita, der seinerseits auf Arbeiten von Riemann und Christoffel basiert, und arbeitet sich mit Grossmann in seine Grundlagen und Technik ein. Damit hat er das Instrument entdeckt, mit dessen Hilfe er bis November 1915 – nach einigen Fehlschlägen, Sackgassen und Umwegen – die allgemeine Relativitätstheorie ausarbeiten wird. Ihr gegenüber war die spezielle Theorie von 1905, wie er sich in einem Brief an Sommerfeld am 29. 10. 1912 ausdrückte, „eine Kinderei". „Das eine ist sicher, dass ich mich im Leben noch nicht annähernd so geplagt habe, und dass ich große Hochachtung für die Mathematik eingeflösst bekommen habe, die ich bis jetzt in ihren subtileren Teilen in meiner Einfalt als bloßen Luxus ansah!" (Einstein 1987 ff., Bd. 5, 505).

Noch am 20. Juni des gleichen Jahres hatte er Ehrenfest das Kompliment gemacht, er sei „einer der wenigen Theoretiker, denen die Mathematik-Seuche nicht den natürlichen Verstand geraubt hat!" (a.a.O., 484). In Einsteins Verhältnis zur Mathematik und zur Mathematisierung der Relativitätstheorie vollzog sich in dieser Zeit eine tiefgreifende Wandlung. Nachdem er einige Zeit vorher geklagt hatte, seit sich die Mathematiker seiner Theorie bemächtigt hätten, verstehe er sie selbst nicht mehr, zeigt sich jetzt, daß der Weg zu einer verallgemeinerten Relativitätstheorie nur über die Mathematik führt. Bereits am 16. August schreibt er an Ludwig Hopf: „Wenn nicht alles trügt, habe ich nun die allgemeinsten Gleichungen gefunden" (a.a.O., 501). Dies war wohl voreilig, denn auch am 23. März des nächsten Jahres 1913 teilte er seiner Cousine Elsa mit, er habe im letzten halben Jahr „so angestrengt gearbeitet wie noch nie im Leben und nun vor einigen Wochen endlich das Problem gelöst. Es ist eine kühne Fortsetzung der Relativitätstheorie nebst einer Theorie der Gravitation" (a.a.O., 517).

Zwei Monate später spricht er Ehrenfest gegenüber von den

> „geradezu übermenschlichen Anstrengungen, mit denen ich mich dem Gravitationsproblem gewidmet habe. Ich bin nun innerlich überzeugt, das Richtige getroffen zu haben, zugleich freilich auch, daß ein Murmeln der Entrüstung durch die Reihen der Fachgenossen gehen wird, wenn die Arbeit erscheint [...] Die Überzeugung, zu der ich mich langsam durchgerungen habe, ist die *dass es bevorzugte Koordinatensysteme überhaupt nicht gibt.* Doch ist es mir nur teilweise gelungen, auch formal bis zu diesem Standpunkt vorzudringen." (a.a.O., 523)

Und im August erklärt er seinem geistigen Mentor, Hendrik Lorentz, warum sein

> „Vertrauen in die Zuverlässigkeit der Theorie noch ein schwankendes ist [...] Das Gravitationsfeld ($g_{\mu\nu}$) erscheint sozusagen

als das Gerippe, an dem alles hängt. *Aber die Gravitationsgleichungen selbst haben die Eigenschaft der allgemeinen Kovarianz leider nicht.* Nur deren Kovarianz linearen Transformationen gegenüber ist gesichert. Nun beruht aber das ganze Vertrauen auf die Theorie auf der Überzeugung, dass Beschleunigungen des Bezugssystems einem Schwerefeld äquivalent sei. Wenn also nicht alle Gleichungssysteme der Theorie [...] ausser den linearen noch andere Transformationen zulassen, so widerlegt die Theorie ihren eigenen Ausgangspunkt; sie steht dann in der Luft." (a.a.O., 547)

Im nächsten Brief an Lorentz, einige Tage später, hatte er seine Meinung wieder geändert. Die Beschränkung auf lineare Transformationen sei kein Makel der Theorie, sondern physikalisch gesehen die einzig sinnvolle Lösung gewesen. Die Spezialisierung des Bezugssystems, die in der gewählten Gleichung läge, bedeute die Einschränkung der Theorie auf solche Bezugssysteme, in denen der Erhaltungssatz des Impulses und der Energie gelte. *„Durch Postulierung des Erhaltungssatzes gelangt man zu einer in hohem Masse bestimmten Wahl des Bezugssystems und der zuzulassenden Substitutionen*" (a.a.O., 553).

Einstein schwankte zwischen Hoffen und Bangen! Dieses Mal schien es ihm, als habe er die Lösung in Händen, ein anderes Mal, als habe ihn „der Teufel wieder einmal zum Narren gehalten", nachdem die geglaubte Lösung sich wie eine Fata Morgana aufgelöst hatte. Auch die an Lorentz übermittelte Lösung erwies sich als Holzweg. Um die richtigen Gleichungen zu finden *und zu erkennen*, war ein weiterer zweijähriger „Kampf mit den Tensoren" nötig (Earman & Glymour 1978a und 1978b; Norton 1984; Stachel 1989; Renn 1994).

Da die neue Theorie mathematisch äußerst kompliziert ist, hatte Einstein Bedenken, ob sich die Physiker überhaupt die Mühe machen würden, sie zu verstehen. Nachdem er von Nordström, Mie und Abraham angegriffen wurde, ist er erleichtert. „Ich freue mich darüber, dass die Fachgenossen sich überhaupt mit der Theorie beschäftigen, wenn auch vorläufig nur in der Absicht, dieselbe totzuschlagen", schreibt er am 20. Januar an Erwin Freundlich (a.a.O., 594). Die Angriffe beunruhigen Einstein nicht, ist er sich doch seines Sieges sicher, wie er seinem Freund Zangger am gleichen Tag signalisiert. „Die Kontroversen machen mir Vergnügen. Figaro-Stimmung: ‚Will der Herr Graf ein Tänzlein wagen? Er solls mir sagen! Ich spiel ihm auf'" (a.a.O.). Als kompetentester Kritiker erscheint ihm Abraham. Laue verhält sich ablehnend, ebenso Planck.

Einsteins Wirken in Zürich ist auch dieses Mal von kurzer Dauer. Bereits im Laufe des Sommersemesters 1913 erhält er hohen Besuch aus Berlin. Planck und Nernst sind mit ihren Ehefrauen angereist, um Einstein mitzuteilen, daß ihn die physikalisch-mathematische Klasse der kgl. Preussischen Akademie der Wissenschaften als Mitglied nominiert hat (mit 21 Ja-Stimmen und einer Gegenstimme).

Das Gutachten für den Ernennungsvorschlag, das die beiden Besucher zusammen mit Rubens und Warburg verfaßt hatten, ist auch für uns wertvoll, weil es die Verdienste des Kandidaten in der Sicht der Zeit beschreibt. Sie bestehen zum ersten im „Prinzip der Relativität, nach welchem der Widerspruch zwischen der sonst ausgezeichnet bewährten Lorentzschen Theorie des ruhenden Lichtäthers und der experimentell nachgewiesenen Unabhängigkeit der elektrodynamisch-optischen Vorgänge an irdischen Körpern von der Bewegung der Erde seine radikale Erklärung findet durch den Umstand, daß ein mit der Erde bewegter Beobachter sich einer andern Zeitmessung bedient als ein im heliozentrischen System ruhender Beobachter". Das Gutachten verweist zum zweiten auf die „umwälzenden Folgerungen dieser neuen Auffassung des Zeitbegriffs", die für die gesamte Physik gelten, aber auch „tief in die Erkenntnistheorie" hineinreichen. Größere praktische Bedeutung habe allerdings ein anderes Arbeitsfeld des Kandidaten. Er war „der Erste, der die Bedeutung der Quantenhypothese auch für die

Energie der Atom- und Molekularbewegungen nachgewiesen hat, indem er aus dieser Hypothese eine Formel für die spezifische Wärme fester Körper ableitete, die sich später zwar im Einzelnen nicht vollkommen bestätigt hat, aber doch die Grundlagen für die weitere Entwicklung der neueren kinetischen *Atomistik* schon richtig angibt." Andere Beispiele für Quanteneffekte, in denen der Kandidat, *„kontrollierbare Beziehungen"* aufgewiesen habe, seien der lichtelektrische und photoelektrische Effekt. Er habe außerdem „als einer der ersten auf die enge Verwandtschaft zwischen den Konstanten der Elastizität und denen der optischen Eigenschwingungen der Kristalle hingewiesen". Die Gutachter betonen, „daß es unter den großen Problemen, an denen die moderne Physik so reich ist, kaum eines gibt, zu dem nicht Einstein in bemerkenswerter Weise Stellung genommen hätte", und daß es deshalb gerechtfertigt sei, den Betreffenden trotz seines „jugendlichen Alters" zur Aufnahme in die Akademie vorzuschlagen. Daß er mit seiner Hypothese der Lichtquanten „über das Ziel hinausgeschossen haben mag", dürfe man ihm nicht allzu negativ anrechnen, „denn ohne einmal ein Risiko zu wagen, läßt sich auch in der exaktesten Naturwissenschaft keine wirkliche Neuerung einführen" (a.a.O., 527f.).

Nach einiger Bedenkzeit akzeptiert Einstein das Angebot – gegen den Willen seiner Frau Mileva, die spürt, daß Albert ihr entgleitet, und sich verzweifelt dagegen stemmt. Es gab nämlich außer dem ehrenvollen Angebot noch einen anderen „Zugfaktor", und der hatte mit Akademie und Wissenschaft nichts zu tun. In Berlin lebten einige Verwandte, unter ihnen seine Cousine Elsa Löwenthal, mit der ihn beiderseitige und durchaus nichtplatonische Sympathie verband. Einsteins Ehe mit Mileva Marić war zu dieser Zeit bereits zerrüttet, und er sah in der Annahme des Berliner Angebots offenbar auch einen Weg zur Lösung seiner privaten Probleme. Bereits vor dem Umzug ist er einige Male in Berlin, um sich mit Elsa zu treffen.

Die Attraktivität der hochdotierten Stelle ohne Lehrverpflichtung und die Nähe zu vielen berühmten Gelehrten siegte über die Vorbehalte gegen die deutsche Untertanenmentalität und den preußischen Militarismus, die auf seine Jugend in Deutschland und auf seine Schulerfahrungen zurückgingen. „Ostern gehe ich [...] nach Berlin als Akademie-Mensch ohne irgendeine Verpflichtung, quasi als lebendige Mumie", schreibt er am 22. Juli 1913 an Jakob Laub. Und an Ehrenfest: „Ich nehme diese kuriose Sinekure an, weil mir das Kolleghalten so kurios auf die Nerven geht & ich dort nichts vorzutragen habe" (a.a.O., 568). Pläne der Berliner, als Ergänzung zu seiner Mitgliedschaft in der Akademie ein Institut für theoretische Physik für ihn einzurichten, schienen im Sande zu verlaufen. Einstein ist nicht traurig: „Mit dem Institut ist es vorerst nichts. Gott sein Dank. Ich werde frei sein wie ein Vogel" (a.a.O., 598).

7. Die allgemeine Relativitätstheorie

„Die Relativitätstheorie kam, weil sie kommen mußte. Sie ergibt sich zwangsläufig aus den Widersprüchen in der alten Theorie, die sich weder ignorieren noch beseitigen lassen." (Einstein & Infeld, 204)

a. Auf der Suche nach einem neuen „heuristischen Prinzip"

Die Diskussion um die neue „Relativtheorie", die man später spezielle Relativitätstheorie nannte, begann um 1907. In den nächsten Jahren wurde sie mit steigendem Bekanntheitsgrad Einsteins intensiver, aber es kam zu keinem Konsens der „Gemeinschaft der Physiker" über den wissenschaftlichen Wert dieses exotischen gedanklichen Konstrukts, das ihnen der jetzt arrivierte Patentbeamte vorgesetzt hatte. Zunächst überwogen die Neugier und das Bedürfnis nach Information über diesen seltsamen „Seiteneinsteiger" in die exklusive Gilde der theoretischen Physiker. Man besichtigte den Kandidaten, prüfte seine Kenntnisse, seine Fähigkeiten und sein Urteilsvermögen – und war angetan. Der Kandidat hatte bestanden.

Später, etwa zwischen 1911 und 1914, diskutierte man die Vor- und Nachteile der Relativitätstheorie von 1905 und ihrer Erweiterungen gegenüber den konservativeren Theorien von Lorentz und Poincaré einerseits, den alternativen Versuchen von Abraham, Nordström und Mie andererseits. Die Zahl der Anhänger der neuen Auffassung stieg an, als sich zeigte, daß die anderen Theorien die anstehenden Probleme keineswegs besser lösen konnten als die

Einsteinsche und auf die eine oder andere Weise sogar in noch größeren Schwierigkeiten steckten. Während ihre Konkurrentinnen innerhalb weniger Jahre sang- und klanglos verschwanden, entstieg die Relativitätstheorie wie Phönix immer wieder neu aus der Asche ihrer gerade vorangehenden Version, um die aufgetauchten Probleme, eines nach dem anderen, zu bewältigen. 1907 die Idee zu einer generalisierten Theorie, dann die Jahre des Nachdenkens über die physikalischen Zusammenhänge, der erste Versuch einer mathematischen Ausformulierung zusammen mit Marcel Grossmann 1913, der große Entwurf von 1914, der irrtümliche Umweg und schließlich der Durchbruch vom Dezember 1915 – dies waren die Etappen auf dem Weg zur allgemeinen Relativitätstheorie, die den Wissenschaftshistoriker noch heute faszinieren.

Um diesen Weg besser nachvollziehen zu können, knüpfen wir an das spezielle Relativitätsprinzip an. Dieses Prinzip war seit Galilei Bestandteil der klassischen Mechanik, aber es konnte seine heuristische Kraft nicht entfalten, solange der Bann der Idee eines absoluten Raumes, der sich auf die Erfolge der Newtonschen Mechanik stützte, nicht gebrochen war. Die Maxwellsche Theorie war eine gewaltige Leistung der Physik des 19. Jahrhunderts, doch bei der Durchsetzung des Galileischen Relativitätsprinzips war sie wenig hilfreich. Der ruhende Äther, der als Träger des elektromagnetischen Feldes notwendig schien, bildete eine Art absolutes Bezugssystem, das man im Prinzip zur Bestimmung ruhender und bewegter Systeme benutzen konnte. Es war eine Leistung Einsteins, die Physik seiner Zeit aus der Klammer dieses absoluten Bezugssystems befreit zu haben. Erst er setzt das Galileische Prinzip der kinematischen Relativität, mehr als zweieinhalb Jahrhunderte nachdem es von Galilei in seinem *Dialog über die beiden hauptsächlichsten Weltsysteme* formuliert worden war, wirklich frei. In seiner Hand bekam es Flügel. Im Verbund mit dem Gesetz von der Konstanz der Lichtgeschwindigkeit in allen Bezugssystemen, die mit Hilfe von Galilei-Transformationen ineinander überführt werden können, bereinigte das Prinzip der Relativität auf elegante

Weise viele begriffliche und theoretische Schwierigkeiten der Physik des ausgehenden 19. Jahrhunderts. Die Teile des Puzzles fügten sich zu einem harmonischen Ganzen zusammen.

Doch durch die Ausarbeitung der Konsequenzen der Theorie konnten nicht alle Probleme des Newtonschen Weltbildes gelöst werden. Die spezielle Relativitätstheorie führte bei der Anwendung auf in Schwerefeldern frei fallende Körper zu Widersprüchen. Sie implizierte nämlich, daß ein Körper in Abhängigkeit von seinem Energiezustand mit verschiedener Geschwindigkeit fällt, mit anderen Worten, daß träge und schwere Masse nicht identisch sind. Interpretiert man die schwere Masse als Ursache der Bewegungsänderung des Körpers im Feld, so ist die träge Masse Ursache des Widerstandes gegen die Veränderung des Bewegungszustandes. Nach der speziellen Relativitätstheorie ist aber nur die träge Masse abhängig vom Energiezuwachs des Körpers. Das Verhältnis der trägen zur schweren Masse wäre somit variabel. „Das so befriedigende Resultat der Relativitätstheorie, nach welchem der Satz von der Erhaltung der Masse in dem Satz von der Erhaltung der Energie aufgeht, wäre nicht aufrecht zu erhalten" (Einstein 1911, 900). Die Formel $E = mc^2$ hätte nur für die träge Masse Gültigkeit, während die schwere Masse nicht von der Energie abhinge.

Die spezielle Relativitätstheorie ließ sich also nicht auf natürliche Weise mit der Theorie der Gravitation vereinen (Einstein 1955, 24f.). Überdies gab sie Anlaß zu neuen Asymmetrien. „Wenn dem Begriff der Geschwindigkeit nur ein relativer Sinn zugeschrieben werden kann, soll man trotzdem daran festhalten, die Beschleunigung als absoluten Begriff festzuhalten?" (Einstein 1979e, 135). Mathematisch gesehen, ist die Geschwindigkeit die erste, die Beschleunigung die zweite Ableitung des Weges nach der Zeit. Weitere Asymmetrien und begriffliche Unstimmigkeiten kamen hinzu. Da war die Aufspaltung der Energie in „zwei wesensverschiedene Teile, kinetische und potentielle Energie", die „als unnatürlich empfunden werden muß" (Einstein 1955, 12). Und da stand schließlich noch immer die alte Machsche Frage im Raum:

„Auf welche Weise können wir dem Trägheitsgesetz einen verständlichen Sinn geben?" (Mach 1973, 233). Oder, wie Einstein es formulierte: „Wie kommt es, daß die Intertialsysteme gegenüber anderen Koordinationssystemen physikalisch ausgezeichnet sind?" (Einstein 1955, 24).

Um das Maß voll zu machen, stellte sich heraus, daß die spezielle Relativitätstheorie auch nicht in der Lage war, die durch das Newtonsche System aufgeworfenen kosmologischen Probleme zu lösen. Ein Newtonscher Kosmos ist nur dann stabil, wenn die Massen im vorausgesetzten unendlichen euklidischen Raum nicht gleichverteilt sind, sondern eine Art Mitte haben, von der aus die Sternendichte immer weiter abnimmt, um schließlich einer unendlichen Leere Platz zu machen. Andernfalls würde die auf die einzelnen Körper wirkende Feldstärke der Gravitation unendlich groß werden. Zugleich müßte man fordern, daß die Newtonsche „Weltinsel" expandiert, weil sie andernfalls unter der Wirkung ihrer eigenen Gravitation kollabieren würde (Einstein 1979 d, 83 f.).

Das Problem, das zum strategischen Hebel des verallgemeinerten Relativitätspostulates wurde, ergab sich folgerichtig aus den zahlreichen Bemühungen, die Theorie der Gravitation in Analogie zu den Maxwellschen Differentialgleichungen als Nahewirkungstheorie zu formulieren. Einstein wurde bald klar, daß die Mittel der speziellen Relativitätstheorie dafür nicht ausreichten.

> „Es fällt auf, daß die Theorie (außer dem vierdimensionalen Raum) zweierlei physikalische Dinge einführt, nämlich 1. Maßstäbe und Uhren, 2. alle sonstigen Dinge, z. B. das elektromagnetische Feld, den materiellen Punkt usw. Dies ist in gewissem Sinne inkonsequent; Maßstäbe und Uhren müßten eigentlich als Lösungen der Grundgleichungen (Gegenstände, bestehend aus bewegten atomistischen Gebilden) dargestellt werden, nicht als gewissermaßen theoretisch selbständige Wesen. Das Vorgehen rechtfertigt sich aber dadurch, daß von Anfang an klar war, daß die Postulate der Theorie nicht stark genug sind, um aus ihr

genügend vollständige Gleichungen für das physikalische Geschehen genügend frei von Willkür zu deduzieren, um auf eine solche Grundlage eine Theorie der Maßstäbe und Uhren zu gründen." (Einstein 1955, 22)

Eine vollständige Relativitätstheorie sollte Gleichungen liefern, denen sowohl das Gravitationsfeld als auch das elektromagnetische Feld genügte und als deren Lösungen sich zudem die Elementarteilchen darstellen lassen sollten (Einstein 1955, 30). Dies war weit in die Zukunft gedacht. Es ist das Programm, das Einstein mit seiner einheitlichen Feldtheorie bis zum Ende seines Lebens verfolgte – wie zu Beginn seiner wissenschaftlichen Laufbahn nicht nur gegen die Mehrheit der Physiker, sondern als einsamer Außenseiter, der unbeirrt seinen Weg geht. Die Lösung, die Einstein 1916 fand, genügte diesem Anspruch noch nicht, doch sie war ein wichtiger Schritt auf dem Weg zum Ziel. Dieser Schritt bestand darin, Beschleunigungen und Gravitation, träge und schwere Massen, Geometrie und Materie miteinander zu verknüpfen. Wie ist Einstein dieser Schritt gelungen? Was war seine Heuristik? Welche Anhaltspunkte hatte er, um die Lösung gezielt anzusteuern?

In seinem „Nekrolog" hat Einstein versucht, den Gedankengang, der von der speziellen zur allgemeinen Relativität führte, zu rekonstruieren. Die Theorie mußte zwei Dinge vereinigen:

„1. Aus allgemeinen Überlegungen der speziellen Relativitätstheorie war klar, daß die *träge* Masse eines physikalischen Systems mit der Gesamtenergie (also z. B. mit der kinetischen Energie) wachse.
2. Aus sehr präzisen Versuchen (insbesondere aus den Eötvösschen Drehwaageversuchen) war mit sehr großer Präzision empirisch bekannt, daß die *schwere* Masse eines Körpers seiner *trägen* Masse genau gleich sei. Dies hat zur Folge daß Energie, etwa Strahlung, dem Einfluß der Schwere unterliegt und selbst zur Schwere beiträgt.

Aus 1. und 2. folgte, daß die *Schwere* eines Systems in genau bekannter Weise von seiner Gesamtenergie abhängte. Wenn die Theorie dies nicht oder nicht in natürlicher Weise leistete, so war sie zu verwerfen." (Einstein 1955, 24)

Vielleicht ist es sinnvoll, noch einen dritten Punkt hinzuzufügen, den Einstein an dieser Stelle nicht nennt, der ihm aber sehr wichtig war. Er lautet: Eine umfassendere Theorie sollte dem „Machschen Prinzip" genügen, also der Idee, daß die Trägheit keine inhärente Eigenschaft der Körper ist, sondern möglicherweise durch den Einfluß der anderen Massen im Kosmos erklärt werden kann. Dieses Prinzip konnte im Zuge der Ausarbeitung der allgemeinen Relativitätstheorie präziser gefaßt werden. Die Untersuchung der „Coriolis"-Kräfte zeigte, daß eine rotierende massive Kugelschale sowohl die Trägheit einer in ihrer Mitte befindlichen Masse erhöht als auch dieser Masse durch ihre eigene Bewegung eine Beschleunigung verleiht. Dies waren nichtmeßbare Phänomene, aber logische Konsequenzen des ersten Entwurfs der Theorie, den Einstein zusammen mit Grossmann 1913 vorlegte (Einstein 1987ff., Bd. 5, 548).

Bereits in seiner zusammenfassenden Arbeit „Über das Relativitätsprinzip und die aus demselben gezogenen Schlußfolgerungen", die 1907 im *Jahrbuch der Elektronik und Radioaktivität* erschien, hatte Einstein im letzten Kapitel über die spezielle Relativitätstheorie hinausgedacht. „Bisher haben wir das Prinzip der Relativität [...] nur auf beschleunigungsfreie Bezugssysteme angewendet. Ist es denkbar, daß das Prinzip [...] auch für Systeme gilt, welche relativ zueinander beschleunigt sind?" (Einstein 1907, 476). Im folgenden betrachtet Einstein zwei Bezugssysteme Σ_1 und Σ_2, die sich nur darin unterscheiden sollen, daß das eine dem Einfluß der Gravitation unterliegt, während das andere eine konstante Beschleunigung erfährt.

„Soweit wir wissen, unterscheiden sich die physikalischen Gesetze in bezug auf Σ_1 nicht von denjenigen in bezug auf Σ_2; es liegt dies daran, daß alle Körper im Gravitationsfelde gleich beschleunigt werden. Wir haben daher bei dem gegenwärtigen Stande unserer Erfahrung keinen Anlaß zu der Annahme, daß sich die Systeme Σ_1 und Σ_2 in irgendeiner Beziehung voneinander unterscheiden, und wollen daher im folgenden die völlige physikalische Gleichwertigkeit von Gravitationsfeld und entsprechender Beschleunigung des Bezugssystems annehmen." (Einstein 1907, 454)

In der gleichen Arbeit findet man auch schon die Idee, daß Uhren in Schwerefeldern langsamer gehen und daß elektromagnetische Vorgänge von der Gravitation beeinflußt werden. Nachdem er die Beziehung aus dem Relativitätsprinzip und der Äquivalenz von Masse und Energie mathematisch abgeleitet hatte, schließt Einstein: „Es folgt hieraus, daß die Lichtstrahlen [...] durch das Gravitationsfeld gekrümmt werden" (Einstein 1907, 461). Dies gilt für alle Strahlen, die in einem Winkel zum Zentrum des Schwerefelds verlaufen. Einstein ist bereits 1907 in der Lage, die Größe der Abweichung in Abhängigkeit von der Stärke des Feldes zu berechnen. Diesen Gedanken hat er 1911 in seinem Artikel „Über den Einfluß der Schwerkraft auf die Ausbreitung des Lichtes" näher ausgearbeitet.

Wie im Falle der Auffindung der speziellen Relativitätstheorie kann man auch hier das Gedankenexperiment in heuristischer Absicht einsetzen. Stellen wir uns einen Fahrstuhlschacht in einem postmodernen überdimensionalen Hochhaus aus Glas vor. Die Wände des Schachts sind vollkommen glatt poliert, der Schacht ist versiegelt und von Luft befreit. Am oberen Deckel des Schachts befestigen wir eine Kabine, deren Außenhülle ebenfalls vollkommen glatt ist, so daß sie reibungsfrei in den Schacht gleiten kann. Die Kabine sei mit einem halbdurchlässigen Spiegel verkleidet, der zwar den Blick von außen nach innen, nicht aber von innen nach außen erlaubt. In der Kabine befinden sich Beobachter, die die Möglichkeit haben zu experimentieren. Nun lösen wir die Verbindung zwischen Kabine und Deckel. Die Kabine saust nach unten. Einer der Insassen nimmt ein Taschentuch und eine Uhr heraus und läßt beide los. Was werden wir beobachten? Einstein und Infeld analysieren die Situation:

> „Für einen draußen postierten Beobachter [...] fallen Taschentuch und Uhr vollkommen gleichmäßig, also mit der gleichen Beschleunigung. Wir erinnern uns, daß die Beschleunigung eines fallenden Körpers von seiner Masse völlig unabhängig ist [...] Wir erinnern uns weiters daran, daß die Äquivalenz von schwerer und träger Masse im Rahmen der klassischen Mechanik als etwas rein Zufälliges gewertet wurde und ohne Einfluß auf ihre Struktur blieb. Hier allerdings kommt dieser Äquivalenz, die in der gleichen Beschleunigung aller fallenden Körper zum Ausdruck kommt, entscheidende Bedeutung zu, bildet sie doch die Grundlage unseres ganzen Gedankenganges." (Einstein & Infeld, 227)

In der Sicht des Außenbeobachters entspricht die Bewegung der Kabine dem Newtonschen Gravitationsgesetz. Es ist eine beschleunigte Bewegung, wobei die Ursache der Beschleunigung im Gravitationsfeld der Erde liegt. Für den Innenbeobachter fallen dagegen die losgelassenen Gegenstände überhaupt nicht. Sie schweben vielmehr scheinbar kräftefrei in der Kabine umher. Der Innenbeobachter stellt fest,

> „daß im Aufzugskasten keine Kräfte auf die beiden Gegenstände einwirken [...] Wenn der Beobachter zum Beispiel einem Körper einen Stoß gibt, ganz gleich in welcher Richtung [...] so bewegt dieser sich so lange gleichförmig weiter, bis er gegen die Decke bzw. den Fußboden des Aufzugs stößt; kurz und gut: für den Beobachter in dem Aufzug haben die Gesetze der klassischen Mechanik Geltung. Alle Körper verhalten sich genauso, wie es nach dem Trägheitsgesetz von ihnen erwartet wird [...]

> Es wäre nur natürlich, wenn sie [die Beobachter – K. F.] daraus schlössen, daß ihr Aufzug ruhe und ihr System ein Inertialsystem sei.“ (a.a.O., 227f., 229)

Für den Menschen des ausgehenden 20. Jahrhunderts ist diese Beobachtung nicht mehr ungewohnt, entspricht sie doch den Bildern, die uns Astronauten von scheinbar schwerelos umherschwebenden Gegenständen in Space-Shuttles und Orbitalstationen übermitteln.

Wir konstatieren also einen Widerspruch zwischen den Beschreibungen der beiden Beobachter. Und dennoch gehorchen die Vorgänge den gleichen Gesetzmäßigkeiten. Das Ziel muß also darin bestehen, eine Formulierung dieser Gesetzmäßigkeiten zu finden, aus denen sich die Vorgänge in beiden Situationen auf natürliche Weise deduzieren lassen.

> „Dieses Beispiel lehrt, daß es durchaus möglich ist, physikalische Phänomene auf zwei verschiedene Systeme zu beziehen und trotzdem konsequent zu beschreiben, selbst wenn die Systeme nicht gleichförmig gegeneinander bewegt werden. Dazu müssen wir allerdings als eine Art Brücke zwischen den beiden Systemen die Massenanziehung in Anspruch nehmen. Das Schwerefeld existiert nur für den Außenbeobachter [...] Der Hauptpfeiler dieser ‚Brücke‘ aber, die uns eine Beschreibung der Vorgänge von beiden Systemen aus gestattet, ist die so hochbedeutsame Tatsache der Äquivalenz von schwerer und träger Masse.“ (a.a.O., 229f.)

Variieren wir die Versuchsbedingungen ein wenig.

> „Zwei Physiker, A und B, erwachen aus narkotischem Schlafe und bemerken, daß sie sich in einem geschlossenen Kasten mit undurchsichtigen Wänden befinden, versehen mit all ihren Apparaten. Sie haben keine Kenntnis davon, wo der Kasten an-

> geordnet, bzw. ob und wie er bewegt ist. Sie konstatieren nun, daß Körper, die sie in die Mitte des Kastens bringen und loslassen, alle nach derselben Richtung – sagen wir nach unten – mit der allen gemeinsamen Beschleunigung γ fallen. Was können die Physiker daraus schließen? – A schließt daraus, daß der Kasten ruhig auf einem Himmelskörper liege, und daß die Richtung nach unten diejenige nach dem Zentrum des Himmelskörpers sei, falls dieser kugelförmig sein sollte. B aber vertritt den Standpunkt, daß der Kasten durch eine von außen an ihm angreifende Kraft in gleichförmig beschleunigter Bewegung nach ‚oben' von der Beschleunigung γ erhalten sein könne; ein Himmelskörper brauche nicht in der Nähe zu sein. Gibt es für beide Physiker ein Kriterium, nach dem sie entscheiden könnten, wer recht hat? Wir kennen kein derartiges Kriterium, aber wir wissen nicht, ob es kein Kriterium gibt. *Immerhin aber spricht der exakte Versuch von Eötvös über die Gleichheit der trägen und der schweren Masse dafür, daß es kein solches Kriterium gibt.*" (Einstein 1913, 1255)

Wir haben also das gleiche Ergebnis wie bei der frei fallenden Kabine. Dort konnten die Innenbeobachter nicht aufgrund von Beobachtungen entscheiden, ob sie sich im freien Fall oder im schwerelosen Zustand befanden. Hier ist es ihnen unmöglich zu entscheiden, ob sie dem Einfluß eines Gravitationsfeldes oder einer Beschleunigung unterliegen. Man sieht, daß die Identität von träger und schwerer Masse für Einstein in beiden Fällen das entscheidende Argument ist. Einstein verweist darauf, „daß in diesem Zusammenhange der Eötvössche Versuch eine ähnliche Rolle spielt wie der Michelsonsche Versuch bei der Frage der physikalischen Nachweisbarkeit einer gleichförmigen Bewegung" (a.a.O.).

Wir machen noch einen letzten Versuch herauszufinden, ob es nicht doch eine Möglichkeit gibt, zwischen dem Einfluß eines Gravitationsfeldes und einer Beschleunigung zu unterscheiden. Wir greifen wieder auf unsere Fahrstuhlkabine zurück und nehmen an, daß sie weich auf einem Magnetkissen gelandet ist. Ein Seil zieht sie jetzt in beschleunigter Bewegung nach oben. (Alternativ kann man sich auch ein Raumschiff vorstellen, das sich mit vollem Schub der Triebwerke auf den Weg zum Mars begibt.) Gleichzeitig falle ein Lichtstrahl von außen in die Kabine. Was werden die Beobachter berichten?

„Der *Außenbeobachter*, der davon überzeugt ist, daß der Aufzug sich beschleunigt bewegt, würde sagen: Der Lichtstrahl geht durch das Fenster hinein und bewegt sich geradlinig, mit konstanter Geschwindigkeit, auf die gegenüberliegende Wand zu. Da der Aufzug jedoch steigt, verändert er während der Zeit, die der Lichtstrahl braucht, um die Wand zu erreichen, seine Lage. Folglich wird der Lichtstrahl die Wand an einer Stelle treffen, die dem Einfallspunkt nicht genau gegenüber, sondern ein wenig tiefer liegt [...] Der Lichtstrahl bewegt sich somit relativ zum Aufzug nicht geradlinig, sondern leicht gekrümmt" (Einstein & Infeld 232f.), wobei die Krümmung von der Geschwindigkeit der Kabine abhängt. Im Falle des Raumschiffs wäre die Krümmung also stärker als im Falle des Fahrstuhls. Der Lichtstrahl wäre übrigens unter den genannten Bedingungen auch dann gekrümmt, wenn sich die Lichtquelle im Fahrstuhl (bzw. im Raumschiff) befinden würde. Was sieht der Innenbeobachter?

Wir nehmen an, daß der Innenbeobachter bereits die Hypothese von der Äquivalenz von Masse und Energie kennt. Er weiß also, daß Licht eine Form von Energie ist, die einem bestimmten Maß an Masse äquivalent ist. Die schwere Masse aber, die wiederum der trägen Masse äquivalent ist, unterliegt dem Einfluß der Schwerkraft der anderen Massen. Folglich weiß der Innenbeobachter, daß Licht von Schwerefeldern abgelenkt wird. Der Innenbeobachter findet nun diese Hypothese bestätigt. Der Lichtstrahl fällt nicht an der der Einfallsstelle direkt gegenüberliegenden Stelle an die Wand, sondern etwas darunter, und der Innenbewohner schließt daraus, daß er sich samt Kabine in einem Schwerefeld befindet.

Damit ist unser dritter Versuch gescheitert. Wir sind (unter den geschilderten Umständen) nicht in der Lage, herauszufinden, ob wir uns, wenn wir nach unten gezogen werden, in einer beschleunigten Bewegung oder unter dem Einfluß eines homogenen Gravitationsfeldes befinden. Damit ist die Aufgabe gestellt: Wie kann eine Theorie gefunden werden, die in allen Bezugssystemen gilt? Oder, etwas präziser formuliert: Welche Gestalt müssen allgemein kovariante Gleichungen für das elektromagnetische und das gravitationale Feld haben?

Es ist faszinierend, Einsteins Argumentation in den verschiedenen Phasen der Entwicklung der allgemeinen Relativitätstheorie zu verfolgen. Die Proportionalität von träger und schwerer Masse war nur eine der Leitvorstellungen, der heuristischen Gesichtspunkte, an denen sich Einstein orientierte. Eine andere nennt er in einer 1913 erschienenen Arbeit: Die Erhaltungssätze des Impulses und der Energie sollten erfüllt sein. 1914 wendet er eines der beiden zentralen Axiome der speziellen Relativitätstheorie in heuristischer Absicht in sein Gegenteil und fragt: „Inwieweit ist es möglich, eine Relativitätstheorie aufzubauen, die das Prinzip der Konstanz der Lichtgeschwindigkeit nicht zur Grundlage hat?" (Einstein 1914b, 177). Die Frage ergibt sich aus der Erkenntnis, daß die Mängel der früheren Theorie darauf zurückzuführen sind, daß sie am Begriff der bevorzugten Bezugssysteme festhält – wobei diese Bezugssysteme jene sind, in denen das Axiom von der Konstanz der Vakuum-Lichtgeschwindigkeit gilt.

Interessant ist auch, daß die Form, in der Einstein das allgemeine Relativitätsprinzip faßt, sich mit der formalen Ausarbeitung der Theorie verändert. Wird das Prinzip zunächst nur sehr allgemein und hypothetisch gefaßt – etwa so: Welche Form müßten Gesetze haben, die in beliebigen Bezugssystemen gelten? –, so heißt es 1913:

> „Die beobachteten Naturgesetze hängen nicht ab vom Absolutwerte des Gravitationspotentials (bzw. der Gravitationspotentiale). Es bedeutet dies physikalisch folgendes: Der Inbegriff der

Relationen zwischen beobachtbaren Größen, welche man in einem Laboratorium finden kann, wird dadurch nicht geändert, daß ich das ganze Laboratorium in ein Gebiet von anderem (räumlich oder zeitlich konstanten) Gravitationspotential bringe." (Einstein 1913, 1250)

Im Jahre 1918, nach dem (vorläufigen) Abschluß der allgemeinen Theorie und bei wachsender Anerkennung, heißt es unter „Relativitätsprinzip" nur noch kurz und bündig: „Die Naturgesetze sind nur Aussagen über zeiträumliche Koinzidenzen; sie finden deshalb ihren einzig natürlichen Ausdruck in allgemein kovarianten Gleichungen" (Einstein 1918b, 241).

b. Die Formulierung der allgemeinen Relativitätstheorie

Fassen wir den Gedankengang, der Einstein von der speziellen zur allgemeinen Theorie der Relativität führte, noch einmal zusammen:

Nach der speziellen Theorie und nach den Lorentztransformationen waren Energie und Trägheit miteinander verküpft: $E = mc^2$. Je größer der Energieinhalt eines Körpers, desto größer seine träge Masse. Nach der impliziten Annahme von Newton, die Eötvös experimentell mit hoher Genauigkeit bestätigt hatte, waren träge und schwere Masse identisch. Konsequenterweise konnte man fordern, daß das Gravitationsfeld durch die Verteilung der Energie im Kosmos bestimmt war. „Die Gesamtheit der Massen erzeugt ein $g_{\mu\nu}$-Feld (Gravitationsfeld), das seinerseits den Ablauf aller Vorgänge, auch die Ausbreitung der Lichtstrahlen und das Verhalten der Massstäbe und Uhren regiert" (Einstein, Brief an Ernst Mach vom Dez. 1913, 1987 ff., Bd. 5, 584).

Sowohl die Heuristik als auch die wesentlichen physikalischen Erkenntnisse, die zu einer verallgemeinerten Theorie der Relativität notwendig waren, hatte Einstein im Jahre 1908 zusammen.

Warum, so fragt Einstein in seinem „Nekrolog", „brauchte es weiterer 7 Jahre für die Aufstellung einer allgemeinen Relativitätstheorie?" (Einstein 1955, 25). Der Grund dafür lag in den formalen Schwierigkeiten, die die Ausarbeitung der Gleichungen einer solchen allgemeinen Theorie mit sich brachte. In der Physik genügt es nicht, nur eine Idee zu einer Theorie zu haben oder einige Postulate zu formulieren. Man muß die Theorie ausarbeiten und die physikalischen Zusammenhänge in der Sprache der Mathematik zumindest soweit klären, daß andere den sachlichen Gehalt der Theorie verstehen und überprüfen können.

Im Falle der von Einstein angepeilten Theorie lag eines der Hauptprobleme in der notwendig gewordenen Veränderung unserer Vorstellung von Raum und Zeit. Die physikalischen Begriffe der Energie und des Feldes mußten mit der Struktur des Raumes und der Zeit eine unlösbare Verbindung eingehen, und diese Verbindung mußte in eine mathematische Form gefaßt werden, die den physikalischen Sinn des Relativitätspostulats exakt wiedergab, empirisch testbare Konsequenzen hatte und die vorangehenden Theorien (Gravitationstheorie, spezielle Relativitätstheorie) als Spezialfälle enthielt. Der hauptsächliche Grund für die lange Zeit der Ausarbeitung der neuen Theorie lag darin, so erklärt Einstein, „daß man sich nicht so leicht von der Auffassung befreit, daß den Koordinaten eine unmittelbare metrische Bedeutung zukommen müsse" (a.a.O.). In der gesuchten Theorie „konnte nicht mehr gefordert werden, daß Koordinatendifferenzen unmittelbare Ergebnisse von Messungen mit idealen Maßstäben bzw. Uhren bedeuten sollten. Diese Erkenntnis plagte mich sehr, denn ich vermochte lange nicht einzusehen, was dann die Koordinaten in der Physik überhaupt bedeuten sollten? Die Erlösung aus diesem Dilemma kam erst etwa 1912" (Einstein 1979a, 137).

Die Erklärung, die Einstein jetzt gibt, ist für den gebildeten Laien geschrieben, aber begrifflich immer noch recht kompliziert. Wir müssen sie dennoch anführen, weil sie uns zum Kern der neuen Theorie, der Koppelung von Raum, Zeit und Energie führt.

„Ein materieller Punkt, auf den keine Kräfte wirken, wird im vierdimensionalen Raum durch eine gerade Linie dargestellt [...] Dieser Begriff setzt denjenigen der Länge eines Linienelementes, d. h. eine Metrik voraus. In der speziellen Relativitätstheorie war – wie Minkowski gezeigt hatte – diese Metrik eine quasi euklidische, d. h. das Quadrat der ‚Länge', ds des Linienelementes, war eine bestimmte quadratische Funktion der Koordinatendifferentiale." (Einstein 1979 a, 137)

Dabei ist $ds^2 = \Sigma dx_\nu^{\ 2}$ wegen der Konstanz der Lichtgeschwindigkeit eine Invariante. Läßt man diese Bedingung fallen, dann gibt es a priori keine bevorzugten Koordinatensysteme mehr. *„Alle Gaußschen Koordinatensysteme sind für die Formulierung der allgemeinen Naturgesetze prinzipiell gleichwertig"* (Einstein 1979 c, 77). Wir können jedoch für ein vierdimensionales Gebiet und für den Grenzfall des reinen Gravitationsfeldes formal eine neue Größe definieren, die beliebigen Transformationen gegenüber invariant bleibt. Diese neue Invariante enthält die Größen $g_{\mu\nu}$ als Funktionen der Koordinaten x_ν und x_μ, wobei die ersteren Größen zugleich das Gravitationsfeld beschreiben sollen μ und ν sind Indices, die von 1 bis 4 laufen; $g_{\mu\nu}$ ist also eine Vierer-Matrix), die im Falle eines flachen, euklidischen Raumes nur Einsen in der Diagonale und ansonsten Nullen enthält. Bei Krümmung des Raumes durch Anwesenheit von Energie nehmen die Komponenten der Matrix von Null verschiedene Werte an.

Die Lösung des Problems besteht also im Übergang von einer euklidischen zu einer nichteuklidischen Metrik. Da es hierfür unendlich viele verschiedene Möglichkeiten gibt, besteht die Schwierigkeit darin, die richtige, oder besser: die einfachste Form einer Metrik zu finden, die in der Lage ist, den intendierten physikalischen Gehalt zu fassen.

„Führt man nun andere Koordinaten durch eine nichtlineare Transformation ein, so bleibt ds^2 eine homogene Funktion der

Koordinatendifferentiale, aber die Koeffizienten dieser Funktion ($g_{\mu\nu}$) werden nicht mehr konstant, sondern gewisse Funktionen der Koordinaten. Mathematisch heißt dies: der physikalische (vierdimensionale) Raum besitzt eine Riemannsche Metrik. Die zeitartigen extremalen Linien dieser Metrik liefern das Bewegungsgesetz eines materiellen Punktes, auf welchen, abgesehen von Gravitationskräften, keine Kräfte wirken. Die Koeffizienten ($g_{\mu\nu}$) dieser Metrik beschreiben in bezug auf das gewählte Koordinatensystem zugleich das Gravitationsfeld. Damit war eine natürliche Formulierung des Äquivalenzprinzips gefunden, deren Ausdehnung auf beliebige Gravitationsfelder eine durchaus natürliche Hypothese bedeutete." (Einstein 1979a, 137)

Der zentrale Punkt dieser Überlegungen bestand darin, daß der neuen Metrik nicht nur ein mathematischer, sondern auch ein physikalischer Sinn zukam. Dieser bestand im Kern darin, daß die Geometrie durch die Verteilung der Massen bzw. der Energie bestimmt ist. Das heißt, das geometrische Verhalten der Körper, die Form ihrer Bewegung und damit die Geometrie des Raumes hingen von der Verteilung dieser Massen ab (Einstein 1979d, 98). Eine Bewegung der Massen im „gekrümmten" Raum veränderte diesen Raum und damit seine Geometrie. Aufgrund dieser Interdependenzen war klar, daß die gesuchte Theorie nichtlinearen Charakter haben muß.

Um das Ziel zu erreichen, ist freilich eine gewaltige Komplizierung der Theorie und ihrer mathematischen Formulierung in Kauf zu nehmen. An die Stelle des skalaren Potentials der Newtonschen Gravitationstheorie (ein Skalar bedeutet in der Physik eine „ungerichtete" Größe, die sich durch einen einzelnen Zahlenwert darstellen läßt) tritt in der erweiterten Relativitätstheorie mit den $g_{\mu\nu}$ ein „Differentialtensor", der die physikalische Geometrie des Raumes beschreibt.

Bei der Suche nach den Feldgleichungen einer allgemeinen Relativitätstheorie waren nach Einsteins Darstellung zwei Probleme zu lösen:

„1. Wenn ein Feldgesetz in der Ausdrucksweise der speziellen Relativitätstheorie gegeben ist, wie läßt sich dasselbe auf den Fall einer Riemann-Metrik übertragen?
2. Wie lauten die Differentialgesetze, welche die Riemann-Metrik (d. h. die $g_{\mu\nu}$) selbst bestimmen?
An diesen Fragen arbeitete ich von 1912 bis 1914 zusammen mit meinem Freund Marcel Grossmann. Wir fanden, daß die mathematischen Methoden zur Lösung des Problems 1 im infinitesimalen Differentialkalkül von Ricci und Levi-Civita [...] bereits fertig vorlagen. Was Problem 2 anlangt, so bedurfte es zu dessen Lösung offenbar der invarianten Differentialbildungen zweiter Ordnung aus den $g_{\mu\nu}$. Wir sahen bald, daß diese durch Riemann bereits aufgestellt waren (Tensor der Krümmung)." (Einstein 1979a, 138)

Bernhard Riemann, das war jener geniale junge Mathematiker, der in seinem Habilitationsvortrag (veröffentlicht 1867) eine von der euklidischen abweichende Geometrie aufgestellt hat. Die ganze Schrift umfaßt nur 18 Seiten, aber sie zertrümmerte eine jahrtausendealte psychologische Gewohnheit, von der Struktur des unmittelbar erfahrenen Raumes auf die Struktur der physikalischen Geometrie insgesamt zu schließen. Diese Gewohnheit ging in rationalisierter Form auch in philosophische Systeme wie das Kantianische ein, in dem sie als synthetisch apriorische Form der Anschauung eine höhere Rechtfertigung erhielt. Nach Riemann, Lobatschewsky und Bolyai war diese Rechtfertigung Makulatur. Einer der ersten Physiker, die dem Rechnung trugen, bevor die neue Physik entwickelt wurde, war der Kantianer Hermann Helmholtz mit seiner Schrift *Über den Ursprung und die Bedeutung der geometrischen Axiome* von 1876.

Der Unterschied zwischen dem neuen Einsteinschen Versuch und den konkurrierenden Ansätzen von Nordström, Abraham und Mie lag wiederum darin (wie zehn Jahre zuvor beim Konflikt um die spezielle Theorie), daß die anderen Physiker an zumindest einigen der klassischen Vorstellungen, d.h. an der durch die Lorentz-Transformationen oder das spezielle Relativitätsprinzip verbesserten Newtonschen Mechanik (einschließlich seiner Gravitationstheorie) bzw. Maxwellschen Elektrodynamik, festhielten und im Zweifel eine Aufgabe der Identität von schwerer und träger Masse vorzogen (vgl. Mie 1914; Nordström 1912, 1913; Abraham 1912a, b, c). Einen von Einstein abweichenden Lösungsversuch, der die Identität von träger und schwerer Masse bewahrt, glaubte Nordström gefunden zu haben (Nordström 1912). Dies sollte nicht zu dem Schluß verleiten, daß Einstein einen einsamen Kampf gegen die Anhänger der alten Theorie führte. Doch es gab keine klaren Fronten, Einstein hatte ebenso viele potente Fürsprecher wie Gegner, und auch Mie, Nordström, Abraham und andere fühlten sich nicht als konservative Wissenschaftler, sondern als Vertreter der „Fortschrittsfraktion" innerhalb der Gilde der Physiker.

Ob Ernst Mach, der so viel für die Durchsetzung der Relativitäts*idee* getan hatte, sich nach anfänglicher Zustimmung am Ende seines Lebens tatsächlich gegen die Relativitätstheorie aussprach, ist heute umstritten. Gemeint ist das Vorwort zu den *Prinzipien der physikalischen Optik* (Leipzig 1921; Vorwort von 1913). Mit seiner allgemeinen philosophischen Orientierung wäre eine solche Ablehnung durchaus nicht unvereinbar. So könnte man vermuten, daß ihm die aus der Theorie folgenden Änderungen der Metaphysik des Raumes und der Zeit, ja des gesamten Weltbildes, zu abstrakt, zu „dogmatisch" und zu wenig an den Erfahrungstatsachen (den ‚Empfindungen') orientiert erschienen. Es gibt heute allerdings Gründe, anzunehmen, daß das genannte Vorwort von seinem Sohn Ludwig Mach gefälscht worden ist (Wolters 1988).

Bei einem anderen Wissenschaftler gibt es keine Zweifel. Michelson, der mit seinen Experimenten so viel zur Unterminierung der Äthertheorie beigetragen hatte, war niemals Anhänger der Relativitätstheorie. Er soll einst zu Einstein gesagt haben, „er bedauere es, daß seine Arbeit dazu beigetragen habe, dieses ‚Monstrum' zu ermöglichen" (zit. nach Holton 1973, 231).

Wie im Falle der speziellen Relativitätstheorie, der Lichtquantenhypothese und der Brownschen Bewegung verspürte Einstein offenbar keinerlei emotionale oder kognitive Bindung an die akzeptierten Vorstellungen und suchte die Lösung in gegenüber der speziellen Theorie logisch noch einfacheren Grundprinzipien und Transformationseigenschaften. Sein Ziel bestand nicht darin, die alte Theorie mit jenem Minimum an Veränderungen zu bewahren, das durch die inzwischen erzielten experimentellen und theoretischen Resultate erzwungen war, sondern ein neues Prinzip zu finden, das die Probleme von Grund auf zu klären erlaubte. Vielleicht sah er schärfer als andere, daß eine Aufgabe der Identität von träger und schwerer Masse nur ein Problem löste, die tieferen begrifflichen Unstimmigkeiten aber ungeklärt ließ.

Rational war diese Entscheidung deshalb, weil Einstein inzwischen eine bewährte Heuristik besaß, weil er wußte, welcher Weg zu gehen war, obwohl natürlich das genaue Ziel einstweilen noch unbekannt war. Die Probleme der damaligen Physik kreisten um die Unklarheiten der Begriffe Raum, Zeit und Gravitation. Die Gravitation, dies war seit Newton bekannt, hing von der schweren Masse ab. Diese wiederum war mit der trägen identisch. Aus den Lorentz-Transformationen und dem speziellen Relativitätsprinzip kannte man die Abhängigkeit der trägen Masse von der Energie oder, anders gewendet, die Tatsache, daß Energie eine träge Masse besitzt und folglich dem Einfluß der Gravitation und damit der schweren Masse unterliegt. Letzten Endes reduzierte sich alles auf eine Einwirkung der Energie über die Geometrie des Raumes auf sich selbst. Aber konnte man auch Raum und Zeit als Funktionen von Masse bzw. Energie begreifen?

Bekanntlich hatte Mach diesen Gedanken bereits hinsichtlich des Raumes geäußert. Nach Mach ist absolute Bewegung ein Begriff ohne physikalischen Inhalt und durch den Begriff der Bewegung gegen das Mittel der anderen Massen zu ersetzen. Bereits aus der speziellen Theorie folgte auch, daß Maßstäbe und der Gang von Uhren von ihrem energetischen Zustand beeinflußt wurden.

Doch nach der speziellen Theorie war der Raum flach und euklidisch.

„Die spezielle Relativitätstheorie (kann) kein unbegrenztes Gültigkeitsgebiet beanspruchen [...] ihre Ergebnisse gelten nur insoweit, als man von den Einflüssen der Gravitationsfelder auf die Erscheinungen (z. B. des Lichtes) absehen kann" (Einstein 1979c). Die Antwort der Theorie von 1905 war in einer verallgemeinerten Theorie, die die Gravitation einschloß, nicht mehr möglich. Das Postulat von der Konstanz der Lichtgeschwindigkeit im Vakuum mußte aufgegeben werden. Wie die Gravitation, so führten auch beschleunigte Bewegungen zur Krümmung von Lichtstrahlen und Bewegungsbahnen. „Eine Krümmung der Lichtstrahlen kann nämlich nur dann eintreten, wenn die Ausbreitungsgeschwindigkeit des Lichtes mit dem Orte variiert" (Einstein 1979c, 61). Wie die Körper, so bewegte sich auch das Licht nicht mehr auf euklidischen Geraden, sondern auf Feldlinien, die die verteilten Massen und Energien dem Raum aufprägen. Die Frage war nur noch, ob diese Beeinflussung als Modifikation eines bereits unabhängig existierenden Raumes bzw. einer unabhängig existierenden Zeit zu sehen war oder als völlige Determination von Raum und Zeit durch den Energieinhalt des Kosmos. Anders gefragt: Gibt es den Raum – oder die Zeit – auch unabhängig von jeglicher Masse? Dem Grundgedanken der Relativitätstheorie nach wären beide Fragen zu verneinen.

Doch waren diese Fragen bei der Konzipierung der allgemeinen Theorie nicht entscheidend. Schon aus der schwächeren Annahme ergab sich, daß eine Erweiterung der speziellen Theorie um eine Theorie der Gravitation die Form einer Beziehung zwischen Energie einerseits und der vierdimensionalen Raum-Zeit andererseits annehmen mußte, so daß einer infinitesimalen Veränderung der ersteren eine infinitesimale Veränderung der anderen entsprach.

Daß die zu verwendende Mathematik Differentialgleichungen sein mußten, war schon aus diesen Annahmen ersichtlich, ebenso, daß die zugrundeliegende Raum-Zeit-Geometrie nicht die von

Euklid, sondern eine mit veränderlichen Krümmungsmaßen sein mußte – beispielsweise die von Gauß, Riemann oder Lobatschewsky. Daß ein mathematischer Kalkül, der für Einsteins Zwecke sehr geeignet war, die Tensoranalysis, bereits entwickelt war, ist ein glücklicher Zufall; daß Einstein auf ihn stieß, war keiner: Er hatte nach einem mathematischen Instrument gesucht, das der gewöhnlichen Differentialrechnung überlegen war. Sein alter Studienfreund Marcel Grossmann war ihm bei der Suche und bei der Einarbeitung in den „Absoluten Differentialkalkül" von Ricci und Levi-Civita behilflich gewesen. Damit war die Lösung, nicht in allen Einzelheiten und Parametern, aber in ihrer wesentlichen formalen Struktur bestimmt. Das verbleibende Problem bestand in der Verknüpfung der sehr komplexen mathematischen Strukturen mit eindeutigen physikalischen Interpretationen.

Das Ergebnis ist in der Sprache des Tensorkalküls verfaßt und nur dem zugänglich, der dieses Instrument gut beherrscht (dazu Einstein 1979d). Dennoch ist es möglich, die Lösung in einigen allgemeinen Sätzen zu charakterisieren. In einem Brief an Ehrenfest vom 26. 12. 1915 führt Einstein aus:

> „Das physikalisch Reale an dem Weltgeschehen (im Gegensatz zu dem von der Wahl des Bezugssystems Abhängigen) besteht in *raumzeitlichen Koinzidenzen.* Real sind z. B. die Schnittpunkte zweier verschiedener Weltlinien bzw. die Aussage, dass sie einander *nicht schneiden.* Diejenigen Aussagen, welche sich auf das physikalisch-Reale beziehen, gehen daher durch keine (eindeutige) Koordinatentransformation verloren. Wenn zwei Systeme der $g_{\mu\nu}$ (bzw. allg. der zur Beschreibung der Welt verwandten Variablen) so beschaffen sind, dass man das zweite aus dem ersten durch blosse Raum-Zeit-Transformation erhalten kann, so sind sie völlig gleichbedeutend. Denn sie haben zeiträumliche Punktkoinzidenzen gemeinsam, d. h. alles Beobachtbare." (Einstein 1987ff., Bd. 8a, 228)

In seinem „Nekrolog“ geht Einstein stärker auf formale Eigenschaften seiner Lösung vom November 1915 ein:

> „Das Eigenartige an diesen Gleichungen ist einerseits ihr komplizierter Bau, besonders ihr nichtlinearer Charakter in bezug auf die Feldvariablen und deren Ableitungen, andererseits die fast zwingende Notwendigkeit, mit welcher die Transformationsgruppe dies komplizierte Feldgesetz bestimmt [...] Wenn irgend etwas – abgesehen von der Forderung der Invarianz der Gleichungen bezüglich der Gruppe von kontinuierlichen Koordinatentransformationen – in der [...] Theorie möglicherweise endgültige Bedeutung beanspruchen kann, so ist es die Theorie des Grenzfalles des reinen Gravitationsfeldes und dessen Beziehung zu der metrischen Struktur des Raumes.“ (Einstein 1955, 28)

Der Grund für Einsteins Gewißheit ergibt sich aus formalen Eigentümlichkeiten der gesuchten Feldgleichungen.

> „Wenn es ein Analogon der POISSONschen Gleichung in der allgemeinen Relativitätstheorie gibt, so muß dies eine Tensorgleichung für den Tensor $g_{\mu\nu}$ des Gravitationspotentials sein, auf deren rechter Seite der Energietensor der Materie figuriert. Auf der linken Seite der Gleichung muß ein Differentialtensor aus den $g_{\mu\nu}$ stehen. Diesen Differentialtensor gilt es zu finden. Er ist völlig bestimmt durch folgende drei Bedingungen:
> 1. Er soll keine höheren als zweite Differentialquotienten der $g_{\mu\nu}$ enthalten.
> 2. Er soll in diesen zweiten Differentialquotienten linear sein.
> 3. Seine Divergenz soll identisch verschwinden.“ (Einstein 1979d, 83)

Der bekannte Ausdruck $R_{ik} - ½g_{ik} R = - kT_{ik}$, auf den Einstein durch die Verfolgung dieses Weges gestoßen ist, stellt ein System von 10 partiellen Differentialgleichungen dar, aus denen sich, wenn die zehn Komponenten des Energietensors T_{ik} bekannt sind, die zehn Komponenten g_{ik} des metrischen Tensors berechnen lassen. R_{ik} und R werden aus dem Riemannschen Krümmungstensor R_{iklm} gebildet, und k ist eine universelle Konstante. Im Falle der speziellen Relativitätstheorie wird R_{ik} gleich Null. „Das zweite Glied der linken Seite ist aus formalen Gründen zugefügt; die linke Seite ist nämlich so geschrieben, daß ihre Divergenz im Sinne des absoluten Differentialkalküls identisch verschwindet. Die rechte Seite ist eine formale Zusammenfassung aller Dinge, deren Erfassung im Sinne einer Feldtheorie noch problematisch ist" (Einstein 1955, 28). An dieser Stelle enthält Einsteins Gleichung noch eine Unbekannte. „Nur der Umstand, daß die wahren Gesetze des elektromagnetischen Feldes für sehr intensive Felder noch nicht hinreichend bekannt sind, zwingt uns vorläufig dazu, die wahre Struktur dieses Tensors bei der Darstellung der Theorie unbestimmt zu lassen" (Einstein 1979d, 82).

Das heißt, die Relativitätstheorie, wie sie sich in den genannten Feldgleichungen ausdrückt, ist noch unvollständig. Sie ist wenig mehr als eine Theorie des reinen Gravitationsfeldes, das nur ein Element eines umfassenderen Gesamtfeldes darstellt. Allerdings lassen sich aus ihr wiederum heuristische Hinweise darauf gewinnen, welche Richtung eine Verallgemeinerung der Feldtheorie einzuschlagen hat.

> „Die Gruppe der allgemeinen Relativität bringt es zum ersten Mal mit sich, daß das einfachste invariante Gesetz nicht linear und homogen in den Feldvariablen und ihren Differentialquotienten ist. Dies ist aus folgendem Grunde von fundamentaler Wichtigkeit. Ist das Feldgesetz linear (und homogen), so ist die Summe zweier Lösungen wieder eine Lösung [...] In einer solchen Theorie kann aus dem Feldgesetz allein nicht auf eine Wechselwirkung von Gebilden geschlossen werden, die isoliert durch Lösungen des Systems dargestellt werden können. Daher

bedurfte es in den bisherigen Theorien neben den Feldgesetzen besonderer Gesetze für die Bewegung der materiellen Gebilde unter dem Einfluß der Felder [...] Würde man die Feldgleichungen des Gesamtfeldes haben, so müßte man verlangen, daß die Teilchen selbst als überall singularitätsfreie Lösungen der vollständigen Feldgleichungen sich darstellen lassen. Dann erst wäre die allgemeine Relativitätstheorie eine vollständige Theorie." (Einstein 1955, 29f.)

Die Prüfung und weitere Entwicklung solcher allgemeiner Feldtheorien scheiterte einstweilen noch am Mangel an mathematischen Lösungsverfahren (vgl. Einstein 1979d, 162f.). Trotz der weitgehenden Bestimmung der gesuchten Feldgleichungen der Gravitation durch formale und inhaltliche Adäquatheitsbedingungen war die Lösung von 1916 (Einstein 1916) keineswegs auf mechanischem Wege zu finden. Die Komplexität des mathematischen Instrumentariums und die formale Determinierung der Lösung durch die geforderten Bedingungen machen die Zeit von 1912 bis 1916 zu einem Musterbeispiel für das Zusammenspiel mathematischen Räsonierens mit physikalischen Deutungen im wissenschaftlichen Innovationsprozeß (vgl. Earman & Glymour 1978a und 1978b; Norton 1984; Stachel 1989; Renn 1994).

Welche allgemeinen Schlüsse können wir aus den bisher angestellten Überlegungen ziehen? Was waren die Ursachen, Motive, Gründe und Strategien, die zur allgemeinen Relativitätstheorie führten?

1. Die Grundprobleme, die zum „Motor" der Entwicklung der allgemeinen Relativitätstheorie wurden, waren nicht empirischer Natur, sondern in begrifflichen und konstruktiven Schwächen der alten Theorien zu suchen. Meist waren es solche, die bereits lange bekannt waren, ohne daß man über die Mittel verfügte, sie zu beseitigen. Dies gilt zum Beispiel für die Natur der Gravitation, der absoluten Bewegung oder des unbeweglichen, unendlichen euklidischen Raumes. Erst die weitere Entwicklung stellte die Instru-

mente bereit, die eine Beseitigung dieser Schwierigkeiten erlaubten: die spezielle Relativitätstheorie mit ihren Grundpostulaten (Relativitätsprinzip und Konstanz von c in allen relativ zueinander beschleunigungsfrei bewegten Bezugssystemen), die Geometrien von Gauß, Riemann, Bolyai und Lobatschewsky, den „Absoluten Differentialkalkül" von Ricci und Levi-Civita.

2. Die allgemeine Relativitätstheorie wurde nicht aufgrund von Experimenten gefunden. Nach den Angaben Einsteins spielte bei der Entwicklung der speziellen Relativitätstheorie das Michelsonsche Experiment ebensowenig eine Rolle wie das Eötvössche (zur Identität von träger und schwerer Masse) bei der Entdeckung der allgemeinen. Gleichwohl waren ihm diese und andere Experimente bekannt, so daß man die Frage der unbewußten Wirkung kontrovers diskutieren kann. Gegen die Annahme, daß Einstein Experimenten ein besonderes Gewicht beilegte, spricht, daß er sich von den Versuchen von Kaufmann, Bestelmeyer, Bucherer, Neumann und anderen zur Geschwindigkeitsabhängigkeit der Elektronenmasse, die den Voraussagen der speziellen Relativitätstheorie teilweise widersprachen, nicht beirren ließ. Zwar waren die Tatsachen seiner Meinung nach der letzte entscheidende Test jeder Theorie, auch seiner eigenen, doch hielt er die experimentellen Erfahrungen seiner Kritiker selten für endgültig. Immer wieder weist er in seinen Briefen darauf hin, daß die gerade diskutierte Hypothese falsch sei, aufgegeben werden und „in den Papierkorb" wandern müsse, wenn das prognostizierte Resultat nicht eintreffe. Immer wieder gab es aber auch Gründe, die dafür sprachen, vor der Verwerfung der Hypothese das Experiment selbst zu überprüfen, den Versuchsaufbau zu verbessern, das Einwirken bisher unberücksichtigter Faktoren zu vermuten oder an der Sorgfalt des Experimentators zu zweifeln.

3. Der strategische Ansatzpunkt Einsteins für eine Lösung der Probleme lag nicht in den augenfälligen Konflikten der einzelnen Theorien mit bestimmten Phänomenen, sondern in den tieferen (wenn man will „metaphysischen") Asymmetrien, Inkonsistenzen

und begrifflichen Widerständen, auf die man bei einer unvoreingenommenen Analyse der akzeptierten Lehrmeinungen stieß. Die Lösung fand Einstein, indem er nicht wie Lorentz oder Poincaré interne Anpassungen vornahm, die zwar die empirischen Konflikte beseitigten, nicht aber die begrifflichen, sondern indem er die metatheoretischen Axiome änderte. Die Richtung der Änderung ergab sich aus den bisherigen Schwierigkeiten; zur Lösung dienten Gedankenexperimente, methodische, logische und ästhetische Überlegungen.

> „Gleichungen von solcher Kompliziertheit wie die Gleichungen des Gravitationsfeldes können nur dadurch gefunden werden, daß eine logisch einfache mathematische Bedingung gefunden wird, welche die Gleichungen völlig oder nahezu determiniert. Hat man aber jene hinreichend starken formalen Bedingungen, so braucht man nur wenig Tatsachenwissen für die Aufstellung der Theorie; bei den Gravitationsgleichungen ist es die Vierdimensionalität und der symmetrische Tensor als Ausdruck für die Raumstruktur, welche zusammen mit der Invarianz bezüglich der kontinuierlichen Transformationsgruppe die Gleichungen praktisch vollkommen determinieren." (Einstein 1955, 33 f.)

Das Problem bestand natürlich darin, herauszufinden, was diese „hinreichend starken formalen Bedingungen" waren und welche physikalische Bedeutung ihnen zukam.

c. Geometrie und Erfahrung: Die philosophische Bedeutung der Relativitätstheorie

Nicht lange, nachdem die Diskussionen über die allgemeine Relativitätstheorie in der Physik begonnen hatten, erkannten auch die Philosophen die Gefahr. Hier war eine Theorie, die radikal mit den überlieferten und für sicher gehaltenen Begriffen von Raum und Zeit brach und die, wenn sie sich denn als siegreich herausstellen würde, philosophische Systeme in Schutt und Asche legen könnte. Insbesondere die Kantianer fürchteten die Weiterungen der Diskussion. Gefährdete die Erhebung von Geometrie und Chronometrie zu Erfahrungswissenschaften nicht auch den Status anderer Begriffe, die man als synthetisch a priori ansah? Wenn man sich in diesen beiden Punkten geirrt hatte, warum nicht auch in anderen?

Die Reaktionen der Philosophen auf die Einsteinsche Theorie waren je nach philosophischer Schulrichtung sehr unterschiedlich. Die „Landeskirche der Kantianer" (Einstein) bekämpfte sie, mit der Ausnahme von Ernst Cassirer (1957), der um eine faire Beurteilung rang. Die „Als-Ob-Philosophen" um Hans Vaihinger begrüßten sie als neues Beispiel für den Wert von Fiktionen, warfen Einstein allerdings vor, eine nützliche mathematische Fiktion für die Wirklichkeit zu halten. Die Empiristen, von denen es in Deutschland aufgrund der Dominanz der kantianischen und idealistischen Schulrichtungen zumindest in der akademischen Philosophie nicht viele gab, umarmten sie aufgrund ihres Machschen Ansatzes (Schlick 1922; Reichenbach 1979). Manchmal waren die Ablehnungen heftig (Israel u. a. 1930), oft unsachgemäß und von mangelhaftem Verständnis der Prinzipien der Theorie geprägt, zumindest aber durch die Brille des jeweiligen philosophischen Systems verzerrt (Kraus 1920; Driesch 1930; vgl. zu dem ganzen Komplex Hentschel 1990).

Was war der Stein des Anstoßes? Nehmen wir als typisches Beispiel einer Reaktion von philosophischer Seite die Arbeit des Kantianers Oskar Kraus: „Das ungewöhnliche Aufsehen, das die Relativitätstheorie Einsteins auch in der philosophischen Welt erregt, gründet sich auf gewisse außerordentliche philosophische Behauptungen, die mit ihr verbunden waren." Als herausragendes Beispiel einer solchen Behauptung bezeichnet Kraus die Relativität der Zeit in zwei gegeneinander bewegten Systemen. „Diese Neuerung verstößt, wörtlich genommen, gegen Sätze, die wie in der Laienwelt, so auch in der Wissenschaft bisher für unmittelbar einleuchtend gehalten wurden. Sie sinken nun zu blinden ‚Denkgewohnheiten' herab." Den Worten Plancks, der die durch Einstein im Bereich der physikalischen Weltanschauung hervorgerufene Umwälzung mit der des Kopernikus verglichen hatte, stimmt Kraus nicht zu, denn: „In der Tat hätte dieses Prinzip [...] weit einschneidendere Wirkungen als die Lehre des Kopernikus, ja selbst als die ‚kopernikanische Wendung' Kants" (Kraus 1920, 336). Es versteht sich, daß Kraus alles daran setzt, diese Auffassung zu entkräften.

Die Entwicklung ist über die Angriffe eines Oskar Kraus und der vielen anderen, die ihm vorangingen oder nachfolgten, hinweggegangen. Insofern hatte Adolf von Harnack, der große Wissenschaftsorganisator des Wilheminischen Reiches, recht, als er zu Anfang dieses Jahrhunderts einem Besucher erklärte: „Man klagt darüber, daß unsere Generation keine Philosophen habe. Zu Unrecht: die Philosophen sitzen jetzt nur in einer anderen Fakultät, sie heißen Planck und Einstein" (Sommerfeld, in: Schilpp 1955, 37). Befassen wir uns also nicht weiter mit denen, die über die neue Naturphilosophie *geschrieben* haben, wie Oskar Kraus und seine vielen Mitstreiter. Konzentrieren wir uns auf jene, die sie *gemacht* haben.

Hören wir zunächst das Urteil, das Max Planck 1909 in seinen *Vorlesungen über theoretische Physik* über die neue Auffassung der Zeit gefällt hat: „Sie übertrifft an Kühnheit wohl alles, was bisher in der spekulativen Naturforschung, in der philosophischen Erkenntnistheorie geleistet wurde; die nichteuklidische Geometrie ist ein Kinderspiel dagegen" (zit. nach Fölsing 1993, 249). Worin liegt die Kühnheit der Einsteinschen Auffasssung? Was war das

Neue an der Einsteinschen Raum-Zeit-Lehre, das die Fachphilosophen so beunruhigte?

In der klassischen Auffassung, die auch die gedankliche Plattform der Kantischen Philosophie darstellte, waren Raum, Zeit und Materie getrennt. Der Raum hatte drei Dimensionen und gehorchte den Axiomen der Geometrie des Euklid. Seine Struktur war ein für allemal festgelegt. In diesem Raum bewegten sich die materiellen Körper nach den Gesetzen der klassischen Mechanik, die Gott geschaffen und Isaac Newton 1687 entdeckt hatte. Die Zeit war eine von den Bewegungen der Körper und von der Struktur des Raumes unabhängige Größe. Sie war überall gleich und floß unbeeinflußt von den Irrungen und Wirrungen der materiellen Welt dahin.

In der neuen Auffassung dagegen „verlieren Zeit & Raum den letzten Rest von physikalischer Realität". Die Welt wird ein „vierdimensionales (hyperbolisches) Kontinuum von 4 Dimensionen". Diese Theorie ist „mit allen bisherigen Erfahrungen vereinbar" (Einstein an Schlick, 13. 12. 1915, in: Einstein 1987 ff., Bd. 8 a, 221). Sie verdankt ihre Entstehung auch dem Bemühen, keine Begriffe zu verwenden, denen kein empirischer Sinn zukommt, und auf „überflüssige Wesenheit" zu verzichten.

In einem seiner bekanntesten Aufsätze, „Geometrie und Erfahrung" (in: Einstein 1979a), hat Einstein die ältere und die neuere Interpretation der geometrischen Axiome gegenübergestellt. In der älteren Interpretation weiß jeder, entweder aus Erfahrung oder durch Reflexion, was zum Beispiel eine Gerade ist. Daß eine Gerade die kürzeste Verbindung zweier Punkte ist, erscheint ebenso wie die anderen Axiome unmittelbar evident und bedarf keiner Bestätigung durch die Erfahrung. Dennoch gelten diese Axiome für alle räumlichen Beziehungen unserer Welt. Sie gelten für den physischen Raum, obwohl sie nicht als Erfahrungssätze interpretiert werden. Diese Auffassung wirft das große Problem auf, warum die Mathematik überhaupt auf die Gegenstände der Wirklichkeit paßt. Woher kam diese unerklärliche Harmonie?

Der historischen Gerechtigkeit halber sollte man hinzufügen, daß es bereits vor Einstein Mathematiker gab, denen die Axiome des Euklid, etwa das Parallelenaxiom, nicht mehr selbstverständlich waren. So versuchte Carl Friedrich Gauß (1777–1857) die Winkelsumme im Dreieck durch Triangulation von den Spitzen dreier Berge aus empirisch zu bestimmen, allerdings „erfolglos": Euklid schien recht zu haben, die Winkelsumme betrug exakt 180°.

In der neueren Interpretation werden die Axiome von jedem Anschauungs- und Erlebnisgehalt losgelöst.

> „Diese Axiome sind freie Schöpfungen des menschlichen Geistes. Alle anderen geometrischen Sätze sind logische Folgerungen aus [...] den Axiomen. Die Axiome definieren erst die Gegenstände, von denen die Geometrie handelt [...] Diese von der modernen Axiomatik vertretene Auffassung der Axiome [...] beseitigt das mystische Dunkel, das der Grundlage der Mathematik vorher anhaftete. Eine solche gereinigte Darstellung macht es aber auch evident, daß die Mathematik als solche weder über Gegenstände der anschaulichen Vorstellung noch über Gegenstände der Wirklichkeit etwas auszusagen vermag." (Einstein, „Geometrie und Erfahrung", in: Einstein 1979a, 120)

Will man mit den Mitteln der Mathematik etwas über die Wirklichkeit erfahren, zum Beispiel den Abstand zweier Punkte auf der Erdoberfläche bestimmen, dann muß man die Geometrie ihres logisch-formalen Charakters entkleiden und den „leeren Begriffsschemen der axiomatischen Geometrie erlebbare Gegenstände der Wirklichkeit (zuordnen) [...] Um dies zu bewerkstelligen, braucht man nur den Satz zuzufügen: Feste Körper verhalten sich bezüglich ihrer Lagerungsmöglichkeiten wie Körper der euklidischen Geometrie von drei Dimensionen; dann enthalten die Sätze der euklidischen Geometrie Aussagen über das Verhalten praktisch starrer Körper. Die so ergänzte Geometrie ist offenbar eine Naturwissenschaft" (a.a.O., 121).

Das gleiche gilt mutatis mutandis für die Theorie der Zeit. Auch hier müssen Alltagsbegriffe durch axiomatische Konstruktionen ersetzt werden, deren Anwendbarkeit auf die wirkliche Welt wiederum durch die wissenschaftliche Erfahrung geprüft werden muß. Bereits die spezielle Relativitätstheorie hatte die Vorstellung einer gleichmäßig in allen Bezugssystemen dahinfließenden Zeit in Frage gestellt.

Ob die euklidische Geometrie (interpretiert als formal-axiomatisches System) zur Beschreibung der realen Welt an jeder Stelle geeignet ist, bleibt offen. Wenn die allgemeine Relativitätstheorie stimmt, dann ist die euklidische Geometrie nur in solchen Gebieten (annäherend) gültig, die relativ großräumig und „flach" sind, in denen also keine merklichen Beschleunigungen oder Schwerefelder auftreten. In der Umgebung starker gravitierender Massen oder bei extremen Beschleunigungen wird der Raum immer stärker „gekrümmt", bis er sich im Extremfall vom übrigen Raum „abschnürt" (sich in sich selbst zurückkrümmt) und sich damit selbständig macht. Ein „schwarzes Loch" ist entstanden. Parallel dazu verlangsamt sich die Zeit, bis sie (wiederum im Extremfall) bei Annäherung an die Grenze des schwarzen Lochs (Schwarzschild-Radius) oder bei extremen Relativgeschwindigkeiten fast stillzustehen scheint – allerdings nur für den äußeren Beobachter (vgl. zu dem ganzen Fragenkomplex Thorne 1994). Von seinem Standpunkt aus betrachtet, also nach subjektivem Zeitgefühl, lebt der Innenbeobachter nicht länger als der Außenbeobachter. Eine von seiner Uhr angezeigte Minute vergeht für ihn nicht langsamer, als eine Minute für den Außenbeobachter nach Maßgabe von dessen Uhr vergeht. Doch wenn sich beide nach gewisser Zeit wieder treffen, werden sie feststellen, daß ihre Uhren verschiedene Zeiten anzeigen und daß sie entsprechend unterschiedlich alt sind. Die allgemeine Relativitätstheorie ist also nicht die Basis für eine Technologie zur Konstruktion eines „Jungbrunnens".

Diese komischen Mißverständisse, die in den ersten Jahren nach Erfindung der allgemeinen Relativitätstheorie kursierten, sind mittlerweise ausgeräumt. Ebenso die begrifflichen Mißverständnisse, die auf den Gebrauch des Wortes „relativ" zurückgehen. Die Relativitätstheorie relativiert zwar einige physikalische Größen wie Zeit und Länge, aber sie ist im Kern auch ein Versuch, das zu erfassen, was beim Wechsel der Bezugssysteme konstant blieb, also das Invariante, wenn man will: das Absolute. Nur solche Naturgesetze, die bei Anwendung der Transformationsregeln der neuen Theorie ihre Form bewahrten, die „allgemein kovariant" waren, waren akzeptabel. So gesehen, hätte man die neue Auffassung auch „Invariantentheorie" nennen können.

Wenn auch einige der relativistischen Gedankenspiele auf überschießender Phantasie beruhten, so sind viele Spekulationen weiterhin erlaubt (dazu Thorne 1994; Fritzsch 1996). Ist der physische Raum insgesamt offen oder geschlossen? Dies hängt in einem Einsteinschen Kosmos von der Menge der in ihm pro Volumenelement enthaltenen Energie ab. Allerdings ist die Beziehung nichtlinear, da die Energie wiederum die Struktur des Raumes und der Zeit bestimmt. Eine Veränderung des Energieinhalts beeinflußt über eine Veränderung der physischen Geometrie und der Geschwindigkeit der physischen Abläufe sowohl die Größe des Volumenelements als auch die für eine Wechselwirkung zwischen den Massen und Energien benötigte Zeit. Wie weit kann man diesen Zusammenhang extrapolieren? Gäbe es eine Zeit und einen Raum auch ohne Masse bzw. Energie, wie Hermann Weyl annimmt (Weyl 1923, 296), oder sind beide *vollkommen* von letzterer abhängig, wie es nach Einstein anzunehmen ist? „Wenn ich alle Dinge aus der Welt verschwinden lasse, so bleibt nach Newton der Galileische Trägheitsraum, nach meiner Auffassung aber *nichts* übrig" (Einstein an Schwarzschild, 9. 1. 1916, in: Einstein 1987 ff., Bd. 8a, 241).

Doch was geschieht mit Raum und Zeit bei immer stärkerer Verdünnung von Materie und Energie? Wenn Raum und Zeit eine Funktion der Energieverteilung sind, dann wäre vorstellbar, daß bei unendlicher Verdünnung der Energie die Raum-Zeit-Struktur zusammenbricht – was für die noch verbleibenden „Inseln der Ordnung" ein eher unangenehmes Szenario bilden dürfte. Was geschieht mit dem Kosmos in fernen Zeiten? Dehnt er sich weiter aus, oder wird er eines Tages kollabieren? Gegenwärtig stehen die Chancen für eine Kontraktion eher schlecht (zu den kosmologischen Fragen vgl. Kanitscheider 1991). Gibt es bisher unbekannte kosmologische Faktoren oder Konstanten, die hier eingreifen? Spekulativer noch sind folgende Fragen: Gibt es „parallele Universen" mit völlig anderer geometrischer Struktur und anderen Gesetzen? Vielleicht sogar unendlich viele, wie es einige heute diskutierten Theorien eines „inflationären" Kosmos postulieren (Guth 1999)? Und schließlich: Hat die Summe aller Kosmen „fraktale" Struktur?

d. Die experimentelle Prüfung der Theorie

Nachdem er die neue Theorie entwickelt hatte, wurde Einstein bald gefragt, welche neuen Phänomene aus ihr folgten und durch welche Experimente sie geprüft werden könne. Obwohl die architektonischen und prinzipiellen Fragen für ihn die entscheidenden waren, dachte Einstein über diese Fragen intensiv nach. Es gab in der Tat einige Beobachtungen, die für die experimentelle Beurteilung der allgemeinen Relativitätstheorie von Bedeutung waren. Wie bedeutend, darüber änderte der große Gelehrte zumindest seine veröffentlichte Meinung. Einmal spricht er davon, daß das Experiment zwischen seiner und den konkurrierenden Theorien entscheiden müsse, ein andermal hält er die Aussagekraft des Experiments für zu begrenzt, um eine so weitreichende Entscheidung zu fällen. Abweichungen zwischen Theorie und Prognose interpretierte er in der Regel als vorläufig und durch ungenaues Arbeiten bedingt. Die weitere Entwicklung gab ihm fast immer recht.

Was waren die wichtigsten Beobachtungen, anhand derer man die Leistungsfähigkeit der allgemeinen Relativitätstheorie zu beurteilen versuchte? Es waren vor allem drei (Einstein 1979c, 97ff.; Einstein & Infeld 250ff.):

1) das Vorrücken des Merkur-Perihels: Darunter versteht man jene merkwürdige Drehung der elliptischen Bahn, auf der Merkur sich um die Sonne bewegt. Selbst wenn man alle denkbaren Störungen der Merkurbahn in Rechnung stellt, blieben, so hatte der Astronom Leverrier im Jahre 1859 berechnet, noch +43 Bogensekunden pro Jahrhundert unerklärt.

2) die Lichtablenkung am Sonnenrand: Dieses Phänomen sollte sich z. B. bei Sonnenfinsternissen beobachten lassen. Bisher hatte niemand darauf geachtet, weil man einfach davon ausging, daß sich das Licht auf euklidischen Geraden fortpflanzt. Einstein war sehr interessiert an einer Prüfung dieser Vorhersage und erklärte sich gegenüber dem Astronomen Freundlich sogar bereit, notfalls einen Teil der Kosten zu übernehmen. Ein erster Versuch Freundlichs zur Messung des Effekts bei einer Sonnenfinsternis in Rußland 1914 scheiterte allerdings am Beginn des Ersten Weltkriegs. Glück für Einstein, denn seine damalige Theorie sagte nur die Hälfte des beobachtbaren Effekts voraus. In der endgültigen Fassung der Theorie vom November 1915 hatte er den Fehler korrigiert (vgl. Hermann 1996, 201).

3) die Gravitationsverschiebung des Lichts in den roten Bereich, also die Verlangsamung von Uhren in Gravitationsfeldern bzw. in beschleunigten Bezugssystemen: Wir haben nicht die Möglichkeit, eine gewöhnliche Uhr zur Oberfläche der Sonne zu bringen und dann ihren Gang mit dem einer Uhr auf der Erde zu vergleichen, um die Gravitations-Zeitverschiebung zu messen. Glücklicherweise kann man im Prinzip jeden periodischen Vorgang physikalisch als Uhr betrachten. So hat zum Beispiel eine Lichtwelle, die von einem Atom ausgesandt wird, eine genau definierte Frequenz. Wenn sich diese Frequenz ändert, so bedeutet dies eine Änderung eines periodischen Vorgangs und damit des Gangs einer „Uhr“. Die allgemeine Relativitätstheorie prognostiziert, daß sich in starken Gravitationsfeldern (aber auch bei hohen Beschleu-

nigungen) der Gang von Uhren verlangsamt. Da das stärkste Gravitationsfeld in unserer näheren Umgebung das der Sonne ist, liegt es nahe, hier nach einem Effekt zu suchen und nachzuprüfen, ob sich die charakteristischen, aus Messungen im irdischen Labor bekannten Spektrallinien der Elemente, die man auf der Sonne findet, zum „roten Ende" hin verschoben haben.

So wichtig solche Beobachtungen waren, für die Anerkennung der Theorie waren sie nicht entscheidend, weil jede von ihnen verschiedene Interpretationen erlaubte. Jede von ihnen konnte prinzipiell verschiedene, sogar konkurrierende Theorien zugleich bestätigen. Schon das Michelson-Experiment und die Zunahme der Masse mit der Geschwindigkeit bestätigten sowohl Einstein als auch Lorentz und Poincaré. Die Verschiebung der Linien des Sonnenspektrums war zweideutig, und es gab alternative Erklärungen. J. Evershed erklärte die Verschiebung durch Druck, Willem Julius durch anomale Dispersion. Nach Walter S. Adams' Messungen waren die Linien verbreitert, aber nicht generell verschoben (Briefwechsel mit Julius in Einstein 1987ff., Bd. 5, 330, 354, 357 u.a.) Die Messungen von Freundlich waren uneindeutig (Freundlich 1914), während die von Schwarzschild klar für Einstein sprachen (Schwarzschild 1914). Das Vorrücken des Merkur-Perihels wurde von dem bekannten Astronomen Seeliger durch interplanetarische Staubmassen erklärt. E. Wiechert glaubte 1916 zeigen zu können, daß eine „Änderung der Trägheit infolge der Bewegung, welche den bekannten Schlüssen der neueren Elektrodynamik entspricht [...] zur Erklärung der Perihelbewegung des Merkur nicht (genügt)" (Wiechert 1916, 446). Er schlägt statt dessen eine Änderung des Gravitationsgesetzes gegenüber der klassischen Mechanik vor, „welche der Annahme einer scheinbaren negativen, schweren Masse im Gravitationsfeld entspricht" (a.a.O.).

In bezug auf das Problem der Konstanz der Lichtgeschwindigkeit erklärte der Astronom Erwin Freundlich im Jahre 1913, bei der spektroskopischen Untersuchung von Doppelsternen lägen „auffallende Symptome vor, die bisher nur durch die Veränderlichkeit der Lichtgeschwindigkeit sich erklären lassen" (Freundlich 1913, 838; vgl. auch Hentschel 1994). Und die Krümmung der Lichtstrahlen im Gravitationsfeld der Sonne schließlich konnte von anderen Faktoren, wie der Brechung des Lichts in der Sonnenkorona, maskiert sein. Es wurde deshalb von einigen bezweifelt, daß der Effekt erkennbar war. Dennoch konnte die Lichtablenkung bei der totalen Sonnenfinsternis 1919 von Eddington, Dyson und Davidson gemessen werden, das heißt zu einer Zeit, in der die allgemeine Relativitätstheorie bereits ihre endgültige Form gefunden hatte (1916) und ihre theoretische und heuristische Überlegenheit gegenüber der klassischen Mechanik zumindest in Deutschland anerkannt war. Allerdings hatten die durch den Ersten Weltkrieg bedingten Reise- und Informationsbeschränkungen und die nationalistischen Kampagnen der Wissenschaftsorganisationen auch die Kommunikation unter Wissenschaftlern weitgehend lahmgelegt. Über die holländischen Freunde von Einstein war Arthur Eddington auf die Theorie aufmerksam geworden und hatte einige englischsprachige Aufsätze darüber publiziert. Seine Messung von 1919 bedeutete den Durchbruch der Theorie im Ausland und bewirkte einen ungeheuren Popularitätsanstieg Einsteins in den USA, in England, in Japan und sogar in Frankreich. Einstein erschien in den Schlagzeilen auf den ersten Seiten großer ausländischer Tageszeitungen. Auch diese Messung hätte, selbst wenn sie frühzeitiger gekommen wäre, kein *experimentum crucis* abgegeben, denn auch die Gravitationstheorie von Max Abraham prognostizierte eine Krümmung der Bahnkurven des Lichts im Gravitationsfeld. Eine Krümmung hätte sich übrigens bereits aus der Newtonschen Theorie ergeben, sofern man die Idee ernst genommen hätte, daß das Licht dem Einfluß der Gravitation unterliegt. Diese Krümmung wäre allerdings nur halb so groß wie die, die aus der Einsteinschen Theorie folgt. Auf der Basis dieser Annahme hatte Pierre Simon de Laplace 1799 berechnet, wie groß eine gravitierende Masse sein muß, daß ein Körper mit der Geschwindigkeit des Lichts ihrer Anziehung nicht mehr entkommen kann. „Schwarze Löcher“ sind also keine Erfindung des 20. Jahrhunderts. Bei der Bewertung konkurrierender Theorien, deren Prognosen sich nicht sehr voneinander unterscheiden, kommt es auf hohe Meßgenauigkeit an, die nur schwer zu erzielen ist (eine kritische Zusammenfassung der empirischen Daten bis 1922 gibt Kottler 1922). Entsprechend unsicher sind die Folgerungen aus den Messungen.

Der entscheidende Kampf zwischen der klassischen Mechanik, der relativistischen Mechanik und ihren Konkurrentinnen wurde auf dem Feld der Heuristik ausgetragen und entschieden. Zur Kritik von Erich Kretschmann (1917), das Relativitätsprinzip (= Naturgesetze sind nur Aussagen über zeiträumliche Koinzidenzen und finden ihren natürlichen Ausdruck daher einzig in allgemein kovarianten Gleichungen) sei keine Aussage über die physikalische Realität, sondern nur eine Forderung hinsichtlich der mathematischen Formulierung der Naturgesetze, bemerkt Einstein:

> „Wenn es [...] auch richtig ist, daß man jedes empirische Gesetz in allgemein kovariante Form muß bringen können, so besitzt das Prinzip [...] doch eine bedeutende heuristische Kraft, die sich am Gravitationsproblem ja schon glänzend bewährt hat und auf folgendem beruht. Von zwei mit der Erfahrung vereinbaren theoretischen Systemen wird dasjenige zu bevorzugen sein, welches vom Standpunkt des absoluten Differentialkalküls das einfachere und durchsichtigere ist. Man bringe einmal die Newtonsche Gravitationsmechanik in die Form von absolut kovarianten Gleichungen (vierdimensional) und man wird sicherlich überzeugt sein, daß das Prinzip [...] diese Theorie zwar nicht theoretisch, aber praktisch ausschließt!“ (Einstein 1918b, 242)

Nachdem der Kampf um die Anerkennung der Theorie längst gewonnen war, begannen sich die Bestätigungen zu häufen. Der Vergleich einer bewegten mit einer auf der Erde festinstallierten

Atomuhr ergab, daß die bewegte um einen Betrag, der mit den Prognosen übereinstimmte, nachging. Die in der Höhenstrahlung oder im Beschleuniger erzeugten kurzlebigen Teilchen „leben" um so länger, je schneller sie fliegen, in quantitativer Übereinstimmung mit den Prognosen. Die heuristischen Reserven der allgemeinen Relativitätstheorie sind bis heute kaum in ihrer vollen Reichweite erkannt, geschweige denn ausgeschöpft. Alle kosmologischen Modelle von de Sitter und Hubble bis zu Wheeler, Hawking und Penrose gehen auf sie zurück.

Der Fortschritt von der statischen, im flachen, unendlichen euklidischen Raum sich verlierenden und stetig zerstrahlenden Sternzusammenballung der klassischen Theorie zur vierdimensionalen Raum-Zeit, in der Energie, Raum und Zeit kausal voneinander abhängen und die bizarrsten zeiträumlichen Strukturen hervorbringen und wieder verschwinden lassen, ist atemberaubend und verhilft immer wieder zu neuen theoretischen Möglichkeiten und Perspektiven. Die Suche nach Gravitationswellen, die Erforschung der Raum-Zeit-Verzerrung im Nahbereich der Erde, die Erfolge der Radio- und Röntgenastronomie bei der Erforschung von Quasaren („Weißen Löchern") und Schwarzen Löchern gehen zurück auf die heuristische Kraft der allgemeinen Relativitätstheorie.

Trotz ihrer unschätzbaren heuristischen und theoretischen Überlegenheit ist die Relativitätstheorie der klassischen Mechanik empirisch und hinsichtlich der praktischen Anwendbarkeit nach wie vor unterlegen. So gelang es erst 1938, nach Ansätzen aus dem Jahr 1927, allgemein relativistische Approximationen (!) für die Bewegung realer Körper zu finden. Die Rechnungen werden hier derart kompliziert, daß die Theorie für Anwendungen auf Fälle, in denen v/c sehr klein und die Veränderlichkeit des Gravitationspotentials vernachlässigbar ist, nicht in Betracht kommt. Man erhält die paradoxe Situation, daß eine überholte Theorie ihrer Nachfolgerin in theoretischer, methodischer und heuristischer Hinsicht in gleichem Maße unterlegen ist, wie sie in praktischer und empirischer Hinsicht triumphiert.

Der Grund dafür liegt darin, daß die klassische Mechanik in Fällen, in denen das Gravitationsfeld nicht sehr stark ist bzw. keine großen Beschleunigungen und geringe Relativgeschwindigkeiten vorliegen, sehr gut funktioniert. Wenn die Experten von der NASA oder der ESA einen Satelliten zum Jupiter schicken, müssen sie dagegen bereits relativistische Effekte berücksichtigen. Dies kompliziert die Berechnungen ungemein. Während selbst approximative Lösungen der „richtigen" (relativistischen) Gleichungen oft die besten Mathematiker überfordern, kann man exakte Lösungen der „falschen" (klassischen) Gleichungen schon von einem Primaner verlangen (zumindest dann, wenn er Physik nicht nach der 10. Klasse „abgewählt" hat). Überdies ist die Anwendbarkeit der Relativitätstheorie in interessanten Situationen erheblich dadurch behindert, daß keine Operationalisierungsvorschriften existieren. Es besteht bis heute keine Möglichkeit, das Potential eines Gravitations-(Beschleunigungs-)Feldes direkt zu messen.

Hermann Weyl hatte bereits 1917 folgendes Urteil über die allgemeine Relativitätstheorie gewagt: „Mit der Einsteinschen Relativitätstheorie hat das menschliche Denken über den Kosmos eine neue Stufe erklommen. Es ist, als wäre plötzlich eine Wand zusammengebrochen, die uns von der Wahrheit trennte: nun liegen Weiten und Tiefen vor unserem Erkenntnisblick entriegelt da, deren Möglichkeit wir vorher nicht einmal ahnten. Der Erfassung der Vernunft, welche dem physischen Weltgeschehen innewohnt, sind wir einen gewaltigen Schritt nähergekommen" (Weyl 1923, V). Dies waren prophetische Sätze. Bis heute ist die allgemeine Relativitätstheorie nicht in allen wichtigen Einzelheiten erkundet. Immer wieder gibt es neue, überraschende Perspektiven und Lösungen. Max von Laue schreibt im Vorwort zur fünften Auflage (1951) seines Buches über das Relativitätsprinzip: „Im Gegensatz zur speziellen Relativitätstheorie kann man bei der allgemeinen selbst heute noch nicht von einer endgültig abgeschlossenen Ideenwelt sprechen." Dies gilt auch noch ein halbes Jahrhundert später – ein Indiz für die ungeheure Kraft der dahinter verborgenen Ideen.

8. Berlin – Hauptstadt der Physik

Der Umzug nach Berlin bedeutete einen Einschnitt in Einsteins Leben. Privat bedeutete er die Trennung von seiner Familie, beruflich den Eintritt in den vielleicht exklusivsten Kreis von Gelehrten, den man in dieser Zeit finden konnte.

Sein erster Eindruck von Berlin und seinen Bewohnern war ähnlich negativ wie einst der von Prag. In einem Brief an Elsa geißelt er die Eitelkeit der „Fatzkes“ und nennt dabei insbesondere den Chemie-Nobelpreisträger Fritz Haber, dessen Bild „überall zu sehen“ sei. Er bedauert, daß dieser „prächtige Mensch persönlicher Eitelkeit verfallen ist, und zwar sogar nicht einmal von der geschmackvollsten Art. Dieser Mangel an persönlicher Gediegenheit ist eben überhaupt leider Berliner Art. Wenn diese Leute mit Franzosen und Engländern zusammen sind, welcher Unterschied! Wie roh und primitiv sind sie. Eitelkeit ohne echtes Selbstgefühl. Civilisation (Schön geputzte Zähne, elegante Kravatte, geschniegelter Schnauz, tadelloser Anzug) aber keine persönliche Kultur (Rohheit in Rede, Bewegungen, Stimme, Empfindung)“ (Einstein 1987ff., Bd. 5, 574).

Doch dies waren Eigenheiten seines neuen Milieus, an deren mildere Ausdrucksformen er sich bald gewöhnte. Den Normen der Großstadt konnte auch er sich nicht entziehen: Einstein wurde „sozialisiert“. Insbesondere seine Nachlässigkeit in Äußerlichkeiten wurde von seiner neuen Umgebung als nicht standesgemäß empfunden und schonungslos „korrigiert“. Bereits einen Monat nach Ankunft berichtet er an Adolf Hurwitz: „Das Einleben hier gelingt wider Erwarten gut; nur ein gewisser Drill inbezug auf

Kleider etc. dem ich mich auf Befehl einiger Onkel unterziehen muß, um nicht dem Auswurf der hiesigen Menschheit zugezählt zu werden, stört etwas die Gemütsruhe" (Einstein 1987 ff., Bd. 8a, 17). Die Hektik der Großstadt fordert ihren Preis, aber sie gibt ihm auch Anlaß für menschliche Betrachtungen: „Zum Musizieren bin ich noch nicht gekommen, weil immer so viel anderes los ist. Ich verstehe jetzt die Selbstzufriedenheit des Berliners. Man erlebt so viel von Aussen, dass man die eigene Hohlheit nicht so schroff zu fühlen bekommt wie auf einem stilleren Plätzchen" (a.a.O., 18).

Doch der erste negative Eindruck kehrt sich, anders als in Prag, bald in sein Gegenteil um. Einstein empfindet sowohl seine persönliche als auch seine berufliche Situation bald als äußerst angenehm. „Mir gefällt es dauernd vorzüglich hier. Ich habe eine Fülle von Anregung, nur zu viel", schreibt er im Juni 1914 an Otto Stern (a.a.O., 29). Die Kontakte zu den Kollegen entwickeln sich prächtig. Einstein hat ein Arbeitszimmer in Habers Kaiser-Wilhelm-Institut für Physikalische Chemie erhalten. Seine Frau, die zunächst mit ihm nach Berlin gekommen war, ist im Streit mit den Kindern nach Zürich zurückgereist. Die Trennung ist endgültig. Nachdem sich seine Gefühle wieder beruhigt haben, kann Einstein sich ganz der Physik, den Eindrücken der Großstadt und – seiner Cousine Elsa widmen. Was das Finanzielle betrifft, sorgt Einstein für seine Familie in sehr großzügiger Weise. Dafür muß er bescheiden leben, aber dies ist unwichtig für ihn. „Das Leben ohne meine Frau ist für mich persönlich eine wahre Wiedergeburt. Es ist mir zu Mute, wie wenn ich zehn Jahre Zuchthaus hinter mir hätte", schreibt er im April 1915 an Zangger in Zürich. In den nächsten Jahren verwendet er viel Mühe darauf, den Kontakt mit seinen Kindern zu pflegen und finanzielle Fragen mit Mileva zu regeln.

Zwei Tage nach Milevas Abreise, am 2. August 1914, begann der erste Weltkrieg. Einstein ist ganz von seinen persönlichen Problemen gefangen und nimmt erst am 19. August in einem Brief an Ehrenfest zu den Ereignissen Stellung. „Unglaubliches hat nun Europa in seinem Wahn begonnen. In solcher Zeit sieht man, welcher traurigen Viehgattung man angehört. Ich döse ruhig hin in meinen friedlichen Grübeleien und empfinde nur eine Mischung von Mitleid und Abscheu" (a.a.O., 56). Ein halbes Jahr später hat er sich auf den Irrsinn der Mitwelt eingestellt. „Ich fange nun an, mich in dem wahnsinnigen Gegenwartsrummel wohl zu fühlen in bewusster Loslösung von allen Dingen, die die verrückte Allgemeinheit beschäftigen. Warum soll man als Dienstpersonal im Narrenhaus nicht vergnügt leben können?" (Brief an Zangger, April 1915, a.a.O., 116). In der Folgezeit unterstützt er Initiativen zur Beendigung des Krieges, sofern sie sein Zeitbudget nicht strapazieren, ohne sich viel davon zu versprechen. Romain Rolland, der von einer „Organisation des nichtnärrischen Personals aller Anstalten" eine „Heilung der Narren" erwarte, sei ein Optimist (a.a.O.). Dennoch meint er, es werde bald Frieden geben; „die Narren wenden sich bald wieder einem harmloseren Feld ihrer Tätigkeit zu" (a.a.O.). Doch hierin täuschte er sich.

Auch wenn er die Einflußmöglichkeiten des einzelnen Wissenschaftlers auf das politische Großgeschehen für minimal hielt, versuchte Einstein doch, die internationalen Kontakte zwischen den Wissenschaftlern aufrechtzuerhalten. Er setzt sich dafür ein, „daß in unserem Kreise die alte Freundschaft wiederhergestellt werden kann" (Brief an Lorentz, Juli 1915, a.a.O., 150), und appelliert an die Gemeinschaft aller Wissenschaftler. „Ist nicht das Häuflein emsiger Denkmenschen unser einziges ‚Vaterland'"? (Brief an Ehrenfest, August 1915, a.a.O., 165). Von der Haltung der Wissenschaftler und Intellektuellen beiderseits der Fronten ist er enttäuscht. Dies betrifft in besonderer Weise die Geisteswissenschaftler.

Von Menschen, die sich in der humanistischen Tradition Goethes und Humboldts sehen, hatte er sich eine andere Einstellung erhofft. Einen aktuellen Anlaß für seine Enttäuschung schildert Einstein im September 1915 in einem Brief an Romain Rolland:

> „In letzter Zeit war in der Akademie große Aufregung, weil einer […] den Antrag gestellt hatte, die Beziehungen zu den

französischen Akademien abzubrechen. Dabei trat etwas merkwürdiges ein: fast alle Historiker, Philologen etc. unterstützten den Antrag, während fast alle Naturforscher und Mathematiker eifrigst bemüht waren, die internationalen Bande zu erhalten. Gottlob haben letztere, wenn auch nur mit kleiner Majorität gesiegt; besonders Planck (Physiker) und Fischer (Chemiker) haben sich durch grosse Entschiedenheit und Festigkeit verdient gemacht." (a.a.O., 170)

Einstein schreckt nicht vor deutlichen Worten gegenüber Kollegen zurück. Paul Hertz liest er im Oktober 1915 die Leviten: „Leute wie Sie aus der Schicht der feingebildetsten Menschen bieten die beste Gewähr für die Aufrechterhaltung des politischen Sumpfes (in Ewigkeit amen). Seien Sie mir nicht böse wegen meiner Grobheit, sondern seien Sie versichert, dass ich Ihren Geist liebe, wenn ich auch die Schwäche Ihres Rückgrates bedaure. Letztere halte ich nicht für angeboren sondern für eine Frucht der Erziehung" (a.a.O., 181). Hertz pariert mit der Bemerkung: „Wenn Sie dem Verständnis der Menschen dieselbe Sorgfalt zugewandt hätten, wie dem der Natur, würden Sie mir nicht einen beleidigenden Brief geschrieben haben" (a.a.O., 181). Einstein gibt ihm recht und bittet Hertz um Verzeihung.

Die Episode hat Fernwirkungen. Nach der nächsten großen Katastrophe des Zweiten Weltkrieges plädiert Einstein für eine Forcierung der „Wissenschaft der menschlichen Beziehungen". Um den „Bann des Nationalismus" zu brechen, fordert er in einer Stellungnahme an die Vereinten Nationen „ein großes Zentrum für soziologische Studien, in dem die Wege und Mittel zum besseren Verständnis unter den Völkern erforscht werden" (Einstein, in: Hermann 1996, 469). Einstein verurteilt jeden Nationalismus, auch jenen, der sich als Patriotismus maskiert. Auch dieser birgt die „moralischen Requisiten des tierischen Hasses und Massenmordes", die im Kriegsfall wirksam werden (Einstein, „Meine Meinung über den Krieg", Okt./Nov. 1915, in: Einstein 1987ff., Bd. 6, 211).

Von den Ereignissen der Zeit angewidert, stürzte Einstein sich bald nach Kriegsbeginn wieder in die Arbeit an der Verbesserung der allgemeinen Relativitätstheorie. „Der Kovarianzbeweis vom letzten Frühjahr war noch nicht ganz in Ordnung“, schreibt er im Dezember 1914 an Ehrenfest (a.a.O., Bd. 8a, 63). Es ist die entscheidende Phase der Formulierung der Theorie. „Die allgemeine Relativitätstheorie ist nun ihrer meisten Dunkelheiten enthoben, sodass die Klarheit der Deduktion höchst befriedigend geworden ist. Auch Planck, der vor kurzem noch unbedingter Gegner war, ist nahe daran sich der neuen Auffassung anzuschließen“, läßt er Anfang Januar in einem Brief an Edgar Meyer verlauten (a.a.O., 76). Doch noch immer dauert es fast ein Jahr, bis der Durchbruch erzielt ist. In der Zeit bis November 1915 korrespondiert Einstein in dieser Frage hauptsächlich mit Lorentz, Levi-Civita und Paul Hertz. Insbesondere im Briefwechsel mit Lorentz, Schlick und Franz Selety zeigt sich die untrennbare Verwobenheit physikalischer und erkenntnistheoretischer Probleme dieser Theorie. Zur gleichen Zeit schmiedet er wieder Pläne mit Erwin Freundlich, einem beruflich noch nicht etablierten Astronomen, der an der empirischen Prüfung von Prognosen aus der Relativitätstheorie interessiert ist, zur Messung der Spektren und der relativen Bewegung von Doppelsternen (a.a.O., 88, 94). Dabei setzt er sich auch sehr für Freundlichs berufliches Fortkommen ein.

Besonders erhellend für eine Klärung eines Theorems aus Einsteins großer Arbeit von 1914 (Einstein 1914a) war die Korrespondenz mit dem Mathematiker Tullio Levi-Civata, *dem* Spezialisten für Fragen des absoluten Differentialkalküls. Hier interagieren zwei geniale Gehirne. „Eine so interessante Korrespondenz habe ich noch nicht erlebt“, schreibt Einstein bereits nach dem Austausch weniger Briefe, in denen die Tensoren Regie führen. Er beklagt sich über das Desinteresse der Kollegen. „Es ist merkwürdig, wie wenig die Fachgenossen die innere Notwendigkeit nach einer eigentlichen Relativitätstheorie empfinden“ (a.a.O., 120). Drei Monate später trägt er in Göttingen über Gravitationstheorie vor und „erlebte die Freude, die dortigen Mathematiker vollständig zu überzeugen. Berlin kann sich, was Lebhaftigkeit des wissenschaftlichen Interesses angeht, wenigstens auf diesem Gebiet mit Göttingen nicht messen." Seine „wirklich tiefen Fachgenossen" in dieser Zeit sind Hilbert und Planck (Brief an Zangger, a.a.O., 145).

Im September 1915 bahnt sich eine Wendung in der Grundlagen seiner Theorie von 1913 an, die Einstein „ungeheuer elektrisiert. Ich bin nämlich in der Gravitationstheorie auf einen logischen Widerspruch quantitativer Art gestossen, der mir beweist, dass in meinem Gebäude irgendwo eine rechnerische Unrichtigkeit stecken muss." Nach einigen weiteren Wochen angestrengter Arbeit hat Einstein die Feldgleichungen einer allgemeinen Relativitätstheorie und Gravitation, nach denen er sieben Jahre gesucht hatte, gefunden. „Die Serie meiner Gravitationsarbeiten ist eine Kette von Irrwegen, die aber doch allmählich dem Ziele näher führten" (Einstein an Lorentz, 17. 1. 1916, in: a.a.O., 245). „Es ist bequem mit dem Einstein", schreibt er an Ehrenfest, „jedes Jahr widerruft er, was er das vorige Jahr geschrieben hat; nun liegt mir das überaus traurige Geschäft ob, meinen allerletzten Widerruf zu begründen" (a.a.O., 228).

Zeitgleich, oder nur wenig später, findet auch David Hilbert in Göttingen auf rein mathematischem Wege die Feldgleichungen (vgl. Earman & Glymour 1978b). Einstein weist darauf hin, daß das Problem nicht auf der formalen Ebene lag, sondern im Auffinden der richtigen physikalischen Interpretation bestand.

> „Die Schwierigkeit bestand nicht darin allgemein kovariante Gleichungen für die $g_{\mu\nu}$ zu finden; denn dies gelingt leicht mit Hilfe des Riemann'schen Tensors. Sondern schwer war es, zu erkennen, dass diese Gleichungen eine [...] einfache und natürliche Verallgemeinerung des Newton'schen Gesetzes bilden. Dies gelang mir erst in den letzten Wochen [...] während ich die einzig möglichen allgemein kovarianten Gleichungen, die sich jetzt als die richtigen erweisen, schon vor 3 Jahren mit meinem

Freunde Grossmann in Erwägung gezogen hatte. Nur schweren Herzens trennten wir uns davon, weil mir die physikalische Diskussion scheinbar ihre Unvereinbarkeit mit Newtons Gesetz ergeben hatte." (Einstein an Hilbert, 18. 11. 1915, in: a.a.O., 201; vgl. auch 233)

Nach dem gleichzeitigen Auffinden mathematisch sehr ähnlicher, aber in Einsteins Verständnis physikalisch unvergleichbarer Lösungen gibt es zwischen Einstein und Hilbert eine Verstimmung. Auf Hilberts Leistung angesprochen, spricht Einstein vom Versuch der „Nostrifikation" seiner Theorie. Beide sind bemüht, die Differenzen zu klären und die Atmosphäre zu reinigen.

Am 4. und 11. November 1915 legt Einstein das Ergebnis der Akademie vor. Im nächsten Jahr wird die Arbeit in den *Annalen der Physik* publiziert (Einstein 1916). „Es ist der wertvollste Fund, den ich in meinem Leben gemacht habe", schreibt er am 9. Dezember an Sommerfeld (a.a.O., 217). Auch die Erklärung des Vorrückens des Merkur-Perihels gelingt jetzt ohne Hilfshypothese. Die Lichtablenkung durch die Sonne ergibt den doppelten Betrag wie vorher. „Es ist eine ganz wunderbare Sache, daß von einer so abstrakten Idee aus die Erklärung der Merkuranomalie so zwingend herauskommt", kommentiert der Direktor des Astrophysikalischen Observatoriums Potsdam, Karl Schwarzschild, in einem Brief von der Russischen Front (a.a.O., 225). Schwarzschild, eine der großen Hoffnungen Einsteins (a.a.O., 8 b, 605), stirbt 1916.

Einstein korrespondiert jetzt mit den für ihn wichtigsten Fachkollegen, um ihnen das Ergebnis mitzuteilen, Einwände zu erfahren und zu widerlegen und Mitstreiter zu gewinnen. „Lorentz, Ehrenfest, Planck, Born sind überzeugte Anhänger, ebenso Hilbert", kann er schon am 15. Februar 1916 an Otto Stern melden (a.a.O., Bd. 8 a, 263). In den Briefen der folgenden Zeit zu diesem Thema geht es um die Ausräumung von Mißverständnissen, um physikalische Anwendungen und um die Auslotung des physikalischen Sinnes der neuen Feldgleichungen. Einstein postuliert dreierlei Arten von Gravitationswellen, und er sieht sogleich, „daß die Quantenschwierigkeiten auch die neue Gravitationstheorie treffen“ (Brief an Lorentz, a.a.O., 300).

In der Korrespondenz wird aber auch deutlich, daß nicht alle, die Einstein auf seiner Seite wähnt, physikalisch das gleiche meinen wie er. Lorentz und Mie suchen einen Weg, den Äther und das absolute Bezugssystem in irgendeiner Form mit dem Relativitätsprinzip in Einklang zu bringen. Das Machsche Prinzip läßt die Möglichkeit zu, im kombinierten Einfluß aller Massen des Universums ein solches Bezugssystem zu sehen. Die Frage war, ob das kosmische Gravitationsfeld, das zugleich das metrische Feld des Raums war, testbare dynamische Wirkungen hatte. Lorentz, de Sitter und Mie stellten entsprechende Gedankenexperimente an (z. B. a.a.O., 295 ff., 357 f.). Einstein kommt zu einem ähnlichen Schluß. „Komisch ist, dass nun endlich doch wieder eine quasiabsolute Zeit und ein bevorzugtes Koordinatensystem erscheint, aber bei voller Wahrung aller Erfordernisse der Relativität“ (Brief an Ehrenfest, 14. 2. 1917, a.a.O., 390). Daß damit keine wirkliche Rückkehr zum absoluten Raum gemeint ist, macht Einstein in seinen Briefen an Gustav Mie deutlich. „Entweder man macht ernst mit der Hypothese [...], daß nur die *Relativbewegung* im Naturgesetz als wirksam erscheint, oder man führt den absoluten Raum als selbständiges Glied in die Kausalkette ein; einen Kompromissstandpunkt zwischen diesen beiden gibt es nicht.“ Er wendet sich gegen Mies Argument, daß ein sich schlängelnder, gewundener Stab dem starren, geraden Stab als Bezugssystem zwar formal, nicht aber physikalisch gleichwertig sei (a.a.O., 630 ff.). „Alle physikalischen Beschreibungen sind prinzipiell gleichberechtigt, welche dieselben beobachtbaren Relationen (Koinzidenzen) ergeben“ (Brief vom 8. 2. 1918, a.a.O., 639 f.).

Dies ist ein Punkt, der von vielen Korrespondenten Einsteins in dieser Zeit angesprochen wird. Gustav Mie drückt ihn mit besonderer Klarheit aus:

„Wenn man sagt: ‚Die Erde rotiert', so fasst man in diesem Urteil eine große Gruppe von Erscheinungen: Foucaultscher Versuch, Passatwinde, Ablenkung des fallenden Steins etc. etc. auf das kürzeste zusammen. Natürlich kann man nach Ihrem Prinzip der Transformierbarkeit der Grundgleichungen zu einem Koordinatensystem übergehen, in welchem die Erde ruht, man muss dann aber dem Schema der raum-zeitlichen Ordnung, in das man die Objekte einreiht, gewisse Eigenschaften $g^{\mu\nu}$ beilegen, die, um die Ausdrucksweise Schlicks zu gebrauchen, ‚willkürliche Momente' enthalten, da sie ja *nicht durch die Anwesenheit wirklicher Körper* bedingt sind, die Darstellung wird jetzt also, obwohl sie die Erscheinungen richtig wiedergiebt, unnötig kompliziert und man hat sie deswegen abzulehnen. So wird denn der Ausdruck ‚Die Erde rotiert' auch trotz der allgemeinen Transformierbarkeit immer seinen vernünftigen Inhalt behalten." (a.a.O., 649)

Da dies ein fundamentaler Punkt für das Verständnis der relativistischen Gedankenwelt ist, müssen wir Einsteins Antwort betrachten. Einstein bestreitet nicht, daß „die Beschreibung der Welt einfacher ausfällt, wenn man ein Bezugssystem einführt, relativ zu dem die Erde in bestimmter Weise rotiert". Aber er bestreitet sehr wohl, „dass die dementsprechende Bevorzugung *eines* Koordinationssystems prinzipielle Bedeutung hat. Sie sagen allerdings, man müsse den $g^{\mu\nu}$ im einen Falle bestimmte Eigenschaften beilegen, welche durch die Materie nicht bedingt seien, dass dies dagegen bei ‚natürlicher Koordinatenwahl' nicht der Fall sei. *Wenn Sie damit Recht hätten, so würde ich meinen Standpunkt, ja überhaupt meine ganze Theorie, für haltlos ansehen.*" Anschließend analysiert Einstein Mies Argument im einzelnen.

Der entscheidende Punkt besteht in der Auffassung der *Grenzbedingungen* des betrachteten Raum-Zeit-Abschnitts. Wir können die Bewegungen im Sonnensystem analysieren, als wäre der betreffende Raumabschnitt quasi-euklidisch, sofern wir uns als Beobachter in einiger Entfernung postieren und das System „von außen“ betrachten. Der Einfluß der durch Gravitation verursachten Krümmung des metrischen Feldes beschränkt sich dann auf den Raum in der Nähe der Sonne. Es wäre aber ein Fehlschluß, daraus weiter zu schließen, daß sich die gewählte Metrik (die aus Einfachheitsgründen gewählten Koordinaten) über das betrachtete System hinaus ins Unendliche fortsetzen. „Wenn wir das Sonnensystem, oder etwa die Milchstrasse betrachten, also jedenfalls nur ein Stück der Welt, so sind in beiden Fällen (bei beiden Koordinatenwahlen) die Differenzialgesetze die nämlichen, nur die Grenzbedingungen (für die räumlichen Grenzen des betrachteten Systems) sind andere.“ Doch

> „eine bezüglich der Differenzialgleichungen allgemein invariante [...], bezüglich der Grenzbedingungen aber nicht allgemein invariante Theorie ist ein Unding [...] *Ein genügend kleiner Teil einer stetig gekrümmten Mannigfaltigkeit kann stets als eben behandelt werden.* Die gravitierenden Einzelmassen, deren Felder wir untersuchen treten dann als lokale Krümmungsursachen in der sonst ebenen Mannigfaltigkeit auf [...] Um an diesem Glauben festhalten zu können, muß man autonome, nicht relativistische Grenzbedingungen für das Unendliche einführen und diese unendliche Welt obendrein im Wesentlichen als leer betrachten, damit sie nicht durch ihre eigene Masse gekrümmt werde! Entfallen aber die Grenzbedingungen [...], so entfällt auch jeder prinzipielle Grund für die Bevorzugung einer bestimmten Wahl bezüglich des Rotationszustandes des Koordinatensystems. Dies wird ganz klar, wenn man die Welt als in sich (räumlich) geschlossen ansieht; denn dann entfallen *räumliche* Grenzbedingungen, sodass bei jeder Koordinatenwahl das ganze Weltgeschehen durch die Differenzialgleichungen *allein* vollkommen bestimmt wird.“ (a.a.O., 660f.)

Mie war durch Einsteins Ausführungen nicht überzeugt. Die Kontroverse ging weiter. Beide stimmten jedoch darin überein, daß das Koordinatensystem nicht bloß mathematisch, sondern physikalisch bestimmt sein muß. Es war keine formale Frage, sondern eine Sachfrage (a.a.O., 749).

Dieses Thema wird auch in der zwischen 1916 und 1918 stattfindenden Debatte zwischen Einstein, Willem de Sitter, Hermann Weyl und Felix Klein über die Struktur der Welt im Großen ausführlicher behandelt. Die Einstein-de Sitter Debatte führte zu einer gewissen Abschwächung des Machschen Prinzips. Sie zeigte Einstein, daß unter gewissen Restriktionen, allerdings nicht für das Universum insgesamt, auch materiefreie Lösungen der Feldgleichungen möglich sind. Im Verlaufe dieser Debatte schwenkte Einstein vom Modell einer offenen, zeitlich grenzenlosen, statischen Welt mit gleichförmiger Massenverteilung, bei der das metrische Feld (und damit auch die träge Masse von Körpern) im Unendlichen verschwindet, zu einem geschlossenen Universum um. Dies zwang ihn, den Feldgleichungen eine „kosmologische Konstante" hinzuzufügen, die verhindert, daß der Kosmos unter seiner eigenen Gravitation zusammenstürzt. Im Rückblick nannte er diese Modifikation der Feldgleichungen der allgemeinen Relativitätstheorie „die größte Eselei seines Lebens".

Am 2. August 1917 schreibt Einstein an Levi-Civita, daß es ohne dieses kosmologische Glied „nicht möglich zu sein scheint, sich von der Welt als Ganzes eine eigentlich relativistische Vorstellung zu bilden" (a.a.O., 498). Der nun folgende Satz erklärt, warum Anhänger der Als-Ob-Philosophie Einstein als einen der ihren betrachten konnten. Einstein fährt fort: „Allerdings könnte die Natur einen ganz anderen Weg gewählt haben; dieser ist nur der mathematisch denkbar einfachste" (a.a.O.). In einem Brief an Felix Klein vom 14. April 1917 hatte er diesen Standpunkt als „agnostisch" bezeichnet. „Mögen wir aus der Natur nach dem Gesichtspunkt der Einfachheit einen Komplex herausheben, wie wir wollen, nie wird seine theoretische Behandlung sich endgültig als zutreffend (genügend) erweisen" (a.a.O., 431).

Es gibt eine Reihe ähnlicher Formulierungen in Briefen Einsteins, die das Mißverständnis nährten, der Schreiber sei nicht nur ein skeptischer Empirist im Sinne Humes oder Machs, sondern ein Fiktionalist. Vielleicht erklärt dieser Umstand das kuriose Angebot, das Einstein im September 1918 von Hans Vaihinger erhielt. Vaihinger, Autor des bekannten und lesenswerten Werkes *Die Philosophie des Als Ob*, hatte Einstein angeboten, Mitglied des Herausgebergremiums *der Annalen der Philosophie und philosophischen Kritik* zu werden. Obwohl Einstein den Ideen Vaihingers wie auch denen des Positivismus mit Sympathie begegnete, ging er auf das Angebot nicht ein.

Die Triebfeder all seiner Anstrengungen war die Suche nach einer wahren Beschreibung der Natur. Er wollte herausfinden, was sich „der Alte" bei der Erschaffung der Welt gedacht hatte. „So schön Ihr Gedanke ist, muss ich doch offen sagen, dass es nach meiner Ansicht ausgeschlossen ist, dass die Theorie der Natur entspricht", schreibt er am 15. 4. 1918 an Hermann Weyl (a.a.O., 729; vgl. auch 757). Er war allerdings auch der Meinung, daß logische Einfachheit und mathematische Schönheit auch unabhängig von faktischer Wahrheit Werte waren. Er wehrte sich gegen den philosophischen Realismus, da dieser nach seiner Ansicht unbewiesene Annahmen einführte. „Ich gebe zu, dass die Naturwissenschaft vom ‚Realen' handelt und bin doch nicht ein ‚Realist'." Der Satz „Die Körperwelt ist real" war für ihn ebenso „sinnlos, wie wenn man sagte: ‚Die Körperwelt ist kikeriki'. Es kommt mir vor, dass ‚real' eine an sich leere, bedeutungslose Kategorie (Schublade) ist" (Brief an Eduard Study, 25. 9. 1918, a.a.O., 890).

Der Einsteinschen kosmologischen Konstante fehlte lange die empirische Berechtigung, war sie doch aus formalen Gründen hinzugesetzt, um das angenommene statische Universum stabil zu halten. Die Entdeckung Hubbles, der zufolge das Universum expandiert, machte sie vollends entbehrlich. Dies könnte sich ändern. Neuere Messungen scheinen darauf hinzuweisen, daß das Universum beschleunigt auseinanderdriftet. Fernere Regionen driften anscheinend schneller von uns weg, als sie sollten, wenn das Universum in homogener Weise expandieren würde. Seit dieser Beobachtung denken viele wieder positiver über die kosmologische Konstante. Einsteins „größte Eselei" könnte zum Geniestreich werden.

Im November 1917 wird das Kaiser-Wilhelm-Institut für Physik gegründet. Einstein ist eines der fünf Mitglieder des Direktoriums und zugleich Ehrensekretär. „Das K. W. Institut bringt eine ziemlich große Korrespondenz mit sich; auch sonst schwillt die Korrespondenz immer mehr an. Ich habe einen sehr erfreulichen wissenschaftlichen Verkehr, kurz es geht mir gut", meldet er am 15. Januar 1918 (a.a.O., 598) an Michele Besso, seinen italienischen Jugendfreund, mit dem er auch während der Zeit des Krieges eine halb persönliche, halb wissenschaftliche Korrespondenz führt. Neben Zangger ist Besso sein engster persönlicher Vertrauter in der Schweiz. Beide helfen ihm, seine persönlichen Angelegenheiten zu regeln und die Verbindung mit den Kindern aufrechtzuerhalten. Im August 1918 fühlt sich Einstein ausgebrannt. Eine deprimierende politische Lage, schlechte Ernährung, ein hartnäckiges Magengeschwür – was braucht man mehr, um sich schlechtzufühlen?

Offenbar hatten ihn die Kriegsjahre wie auch seine ungesunde Lebensweise sehr mitgenommen, denn auf eine Einladung Zanggers, wieder einmal in Zürich vorzutragen, schreibt er: „Was wollen Sie denn von einer Ruine oder von einem ausgebrüteten Ei? Was ich brauchbares erdachte, das ist in frischeren und jüngeren Köpfen lebendig, während ich mich noch mit einem stets zum Rebellieren geneigten Bauch herumplagen muss, der mir jede Aufregung oder Anstrengung übel nimmt. Der Geist wird lahm, die Kraft schwindet, aber das Renomme hängt glitzernd um die verkalkte Schale" (a.a.O., Bd. 8b, 849). Einstein war im März dieses Jahres 39 geworden!

Es gab damals Pläne, Einstein wieder nach Zürich zu holen. Er erhielt einen Ruf, winkte aber ab:

„Dass die allgemeinen Verhältnisse dort mir mehr Sympathie einflößen, brauche ich nicht erst zu sagen. Wenn Du aber sehen würdest, wie schöne Beziehungen sich zwischen meinen nächsten Kollegen und mir (besonders Planck) herausgebildet haben und wie mir hier alle entgegengekommen sind und stets entgegenkommen, wenn Du Dir ferner vergegenwärtigst, dass meine Arbeiten erst durch das Verständnis, das sie *hier* gefunden haben, zur Wirkung gelangt sind, dann wirst Du doch begreifen, dass ich mich nicht entschliessen kann, dieser Stätte den Rücken zu kehren." (Einstein an Michele Besso, 8. 9. 1918, a.a.O., 870)

9. Die Konflikte um die Relativitätstheorie und die schwierige Existenz eines jüdischen Pazifisten in turbulenter Zeit

Im November 1918 ging der Weltkrieg zu Ende. Ausgehend von meuternden Matrosen in Kiel kam es in Deutschland zu Unruhen, die auch die Universitäten erfaßten. Der preußische Militarismus schien am Ende, die Demokratie war ausgerufen, das Volk bereit, sein Schicksal in die eigene Hand zu nehmen. Einstein war optimistisch, was die weitere politische Entwicklung in Deutschland und in Europa betraf. Am 4. Dezember 1918 schreibt er an Besso:

> „Etwas Grosses ist wirklich erreicht. Die militärische Religion ist verschwunden. Ich glaube, sie wird nicht wiederkehren. Freilich steht nichts an deren Stelle. Während Süddeutschland sich mehr nach schweizerischem Muster zu entwickeln verspricht, herrscht hier das russische Beispiel bedenklich vor [...] Drollig sind nun die Sitzungen der Ak.; die alten Leutchen sind grösstenteils ganz desorientiert und schwindlig. Sie empfinden die neue Zeit wie einen traurigen Carneval und trauern nach der alten Wirtschaft, deren Verschwinden unsereinem eine solche Befreiung bedeutet." (a.a.O., 958 f.)

Da Einstein als einer der wenigen Kritiker des alten Regimes und zugleich als Sozialist galt, glaubten einige, er könne bei den Arbeiterräten für seine bürgerlichen Bekannten etwas bewirken. „Unter den Akademikern bin ich so eine Art Obersozi", schreibt er am 11. 11. 1918 an seine Mutter (a.a.O., 944), „infolgedessen gelangen Helden von gestern schweifwedelnd zu mir, in der Meinung, dass ich ihren Sturz ins Leere aufhalten könne. Drollige Welt!" (Brief an Besso, a.a.O., 959).

Für Einstein bedeutet das Ende des Wilhelminischen Reiches und des Krieges zugleich das Ende seines abgeschiedenen Gelehrtendaseins. Bald wird die empirische Bestätigung seiner Theorie und die daraufhin einsetzende weltweite Begeisterungswelle sein Leben verändern. 1921 empfängt er den Nobelpreis. Einstein erhält Einladungen aus aller Welt und beginnt zu reisen. Skandinavien, die Vereinigten Staaten, Japan, Palästina, Spanien, Frankreich, England und viele andere Länder stehen auf dem Reiseplan. Die Weltreise wurde zum Triumphzug. Die Medien nehmen sich seiner an und berichten auf den ersten Seiten über den „neuen Newton" und seine wissenschaftlich revolutionären Ideen. New York und Hollywood stehen Kopf. Einstein findet die neue Popularität gewöhnungsbedürftig, er fühlt sich als „Renommierbonze" und „Lockvogel" mißbraucht, lernt aber bald, seine Medienmacht für seine Zwecke einzusetzen. Gutmütig läßt er sich vor beinahe jeden Karren spannen, sofern es einer guten Sache diente. Daß er den Kriegsdienstverweigerern in den USA den Rücken stärkt, erregt allerdings bei amerikanischen Patrioten Mißfallen.

Die Kehrseite der neuen Popularität erfährt Einstein vor allem in Deutschland. Es beginnt eine zermürbende Auseinandersetzung mit Gegnern, die ihren Antisemitismus mit einem wissenschaftlichen Argument verwechselten. Es waren Gegner, die an die Überlegenheit der „nordischen" Wissenschaft glaubten, die den „westlichen Liberalismus" bekämpften, die im Internationalismus und Universalismus der Wissenschaft eine semitische Erfindung sahen. Hätte Einstein gewußt, was ihn erwartete, vielleicht hätte er es vorgezogen, 1918 nach Zürich zurückzugehen. Aber Einstein war auch ein Determinist, der die Möglichkeiten menschlichen Einwirkens auf den Gang der Ereignisse als gering veranschlagte und um sein persönliches Schicksal wenig besorgt war. Dennoch, als er nach der Ermordung Rathenaus ebenfalls Attentatsdrohungen erhält, verläßt er Berlin und fährt zu holländischen Freunden.

Da Einsteins Menschenbild von übertriebenem Optimismus frei war, ist er durch die Verschärfung der Debatten nach 1918 und durch die weitere Entwicklung der politischen Lage nicht überrascht worden. Er glaubte die Schwächen seiner Mitmenschen zu kennen und gerade deshalb vor mancher Enttäuschung sicher zu sein. „Die Menschen sind in nichts, auch nicht im Hass und in der Unfreundlichkeit so konsequent, wie es scheinen mag", schrieb er im Mai 1915 an Zangger. Daß die Freiheit des Willens eine Illusion ist, gilt auch für die ärgsten Spitzbuben. „Die wenigen Aufrechten werden wohl schon mit der Fähigkeit, aufrecht zu bleiben, geboren" (a.a.O., 130, 154). „Ich glaube nicht an die Freiheit des Willens", so heißt es in seinem „Glaubensbekennntnis" aus dem Jahre 1932, und weiter: „Schopenhauers Wort: Der Mensch kann wohl tun, was er will, aber er kann nicht wollen, was er will – begleitet mich in allen Lebenslagen und versöhnt mich mit den Handlungen der Menschen, auch wenn sie mir recht schmerzlich sind. Diese Erkenntnis von der Unfreiheit des Willens schützt mich davor, mich selbst und die Mitmenschen als handelnde und urteilende Individuen allzu ernst zu nehmen und den guten Humor zu verlieren" (zit. nach Sugimoto 1987, 113).

Die Radikalisierung mit ihren Begleiterscheinungen – Antisemitismus, Chauvinismus und Revanchismus – hatte auch die Wissenschaft erfaßt. Einstein stand als Jude, Internationalist, Pazifist und Zerstörer der alten Ordnung der Physik im Zentrum der Angriffe. Er war das *Symbol* der neuen Zeit. Bereits 1920 formierte sich eine „Arbeitsgemeinschaft Deutscher Naturforscher", deren oberstes Ziel die öffentliche Diffamierung der „jüdischen" Relativitätsidee war. Auf der Tagung der „Versammlung deutscher Naturforscher und Ärzte" am 19. September 1920 in Bad Nauheim kam es zu einem scharfen Rededuell zwischen Einstein und Lenard über die Relativitätstheorie.

In der deutschen Physik gab es eine Gruppierung, in deren Sicht die politischen und die geistesgeschichtlichen Aspekte der neuen Zeit untrennbar zusammenhingen. Sie verabscheute die chaotischen Begleiterscheinungen dieser Zeit und lokalisierte als deren Ursache „Verwestlichung", „Liberalisierung", „Relativierung", „Verjudung". Sie drängte auf Veränderungen, die dem „deutschen Wesen" besser entsprachen als die erzwungene Demokratie und die leeren Abstraktionen der neuen Physik. Diese Fraktion bildete niemals die Mehrheit unter den deutschen Physikern, und sie war vor 1933 auch zu keiner Zeit tonangebend. Doch sie war in ihrem radikalen und zunehmend ideologisierten Teil groß genug, um das Klima nachhaltig zu vergiften. Die neue Physik wurde unter den Schlagworten der „leeren Abstraktion", der „unorganischen Naturbetrachtung", der „exzessiven Mathematisierung" mit negativ besetzten Attributen eines idealtypisch verstandenen „jüdischen Urcharakters" in Verbindung gebracht und damit selbst als „jüdisch" diffamiert. Da Judentum und Sozialismus in der Sicht der Ultrarechten zusammengehörten, rückte Einstein automatisch in die Schußlinie dieser Fraktion.

Auch andere herausragende Vertreter der neuen Physik, die keinen jüdischen Familienhintergrund hatten, wie Planck, Sommerfeld oder Heisenberg, wurden später als Juden diffamiert, freilich nicht als Juden im üblichen Sinn, sondern als „Weiße Juden" (!). Sie waren Erfinder oder Anhänger der neuen Quantentheorie – in ihrer mathematischen Struktur nicht weniger kompliziert und abstrakt wie die Relativitätstheorie – und für die Ultrarechten daher Repräsentanten „jüdischen Denkens". Wortführer der Ultrareaktionäre in der deutsche Physik der zwanziger Jahre waren Philipp Lenard und Johannes Stark. Beide waren Nobelpreisträger, Lenard erhielt den Preis 1905, Stark 1919. Ihre Stimmen hatten daher Gewicht.

In seiner Schrift *Die gegenwärtige Krisis in der deutschen Physik* von 1922 warf Johannes Stark Einstein zwei Dinge vor: erstens Formalismus und Mathematismus, also die Überschätzung der gedanklichen Tätigkeit gegenüber dem Experiment, zweitens die Aufgabe des physikalischen Äthers. Mit beiden Wissenschaftlern hatte Einstein bis etwa 1910 ein ausgezeichnetes Verhältnis. Stark war einer seiner ersten Bundesgenossen in der Auseinandersetzung um die Lichtquantentheorie und bot ihm um 1909 sogar eine Assistentenstelle in Aachen an (Einstein 1987ff., Bd. 5, 167f.). An Lenard schrieb Einstein im November 1905, er würde seine Arbeiten „mit einem Gefühl der Bewunderung" studieren. Lenard erwiderte das Kompliment am 5. Juni 1909, indem er Einstein als einen „tiefen, umfassenden Denker" bezeichnete.

Es kommt noch besser! In einem Brief an Jakob Laub vom 10. März 1910 sagt Einstein über Lenard: „Er ist nicht nur ein geschickter Meister in seiner Zunft, sondern wirklich ein Genie" (Einstein 1987ff., Bd. 5, 232). Laub müsse sich glücklich preisen, bei Lenard arbeiten zu können. Schon wenig später hatte sich allerdings das Bild vollkommen geändert. Bereits am 27. 8. des gleichen Jahres schreibt er an Laub: „Lenard muss aber in vielen Dingen sehr ‚schief gewickelt' sein. Sein Vortrag von neulich über die abstruse Aetherei erscheint mir fast infantil" (a.a.O., 253). Und zwei Monate später, wieder an Laub: „Das ist wirklich ein verdrehter Kerl, der Lenard! So ganz aus Galle und Intrigue zusammengesetzt!" (a.a.O., 263). In ähnlicher Weise verdüsterte sich sein Verhältnis zu Johannes Stark, den er bald nur noch „Fortissimo" (Vorname „Giovanni") nannte.

Bei den Ausfällen Starks gegen die „Theoretiker" spielen auch professionspolitische Faktoren eine Rolle. Während es doch faktisch so sei – meint Stark – daß die Theoretiker ohne die Ergebnisse der Experimentalphysik nur leeres Stroh dreschen könnten, stellten sie sich in der Öffentlichkeit als die alleinigen Vertreter der Physik und als Schöpfer aller Neuerungen dar. In Wirklichkeit verachten die Theoretiker die experimentellen Physiker, da diese in vielen Fällen nicht in der Lage sind, ihre Ideen nachzuvollziehen. Dabei bestünden diese oft nur in formalen Spielereien und Fiktionen. Diese Einstellung sei überheblich, so meint Stark, weil es doch in Wirklichkeit die Experimentalphysiker sind, die die Basis für den Fortschritt dieser Wissenschaft schaffen.

Die Relativitätstheorie hat nach der Ansicht Starks die Ätherphysik ohne wirkliche Not verdrängt, dabei die Experimentalphysiker von der Theorie entfremdet und die Physik geschädigt. Diese Kluft könne nur durch eine Rückkehr zur Ätherphysik aufgehoben werden. „Der Äther ist durch die physikalische Forschung eines Jahrhunderts aus einer Hypothese zu einer Tatsache geworden. Eine Physik ohne den Äther ist keine Physik“ (Stark 1922, 12).

Durch die weitere Entwicklung der Physik gerieten die Äthertheoretiker immer weiter ins Abseits, während sie sich proportional zu ihrer intellektuellen Schieflage politisch immer stärker radikalisierten. 1925 erzielte Werner Heisenberg (und fast zeitgleich Dirac in Cambridge) ausgehend vom Bohrschen Atommodell den gedanklichen Durchbruch in der Quantentheorie, der in der folgenden Zeit durch Born, Jordan, Pauli und viele andere konstruktiv ausgebaut wurde. Darin kommt eine neue Auffassung zum Ausdruck, die die philosophischen Grundlagen von Raum und Zeit, von Kausalität und Meßbarkeit in der Welt der kleinsten Dimensionen ebenso stark veränderte, wie die Relativitätstheorie dies für die Welt der größten Dimensionen getan hatte. Einsteins Beiträge zur Quantentheorie und die von ihm erstmals formulierte Dualität von Welle und Teilchen hatten wesentlich zu dieser Entwicklung beigetragen. Dennoch konnte er sich bis zum Ende seines Lebens mit der Aufgabe des Determinismus im Mikrobereich ebensowenig anfreunden wie mit dem Bohrschen Komplementaritätsgedanken. Daß Wellen- und Teilchenbild *komplementäre* Eigenschaften der Strahlung und der Materie beschreiben sollen, hielt er für einen rhetorischen Trick zur Verdeckung der der Theorie zugrundeliegenden gedanklichen Widersprüche. Doch eine bessere Theorie konnte auch Einstein nicht entwickeln.

Auf der Basis einer Idee Einsteins zu den Welleneigenschaften jeder Form von Materie gelang es de Broglie und Schrödinger, eine Alternative zur Matrizenmechanik von Heisenberg, Born und Jordan zu entwickeln. Die Schrödingersche Wellenmechanik war allerdings nicht die umfassende, Gravitation und Quanten einschließende Feldtheorie, die Einstein suchte. Zwar konnte Heisenberg bald beweisen, daß die beiden Formalismen mathematisch äquivalent waren, doch die Unterschiede in der Interpretation blieben bestehen. In der Sicht Max Borns ist Schrödingers Versuch, den Determinismus und das klassische Wirklichkeitsverständnis durch eine konsequente Wellentheorie (mit den Teilchen als enge Wellenpakete) zu retten, gescheitert.

> „Hiergegen ist einzuwenden, daß man im allgemeinen (für Vorgänge, die klassisch durch mehrere Teilchen beschrieben werden) Wellen in Räumen von vielen Dimensionen braucht, die etwas ganz anderes als die Wellen der klassischen Physik und der Anschauung unzugänglich sind; daß Wellenpakete als Lösungen der Schrödingerschen Gleichung sich nicht ohne Formänderung fortpflanzen, sondern auseinander laufen. Schrödingers Standpunkt ist wohl endgültig erledigt." (Einstein-Born-BW, 270 f.)

Der Schrödingersche *Formalismus* dagegen erwies sich der Matrizenmechanik als praktisch überlegen. Auf dem Solvay-Kongreß 1927 über „Elektronen und Photonen" prallten die Gegensätze aufeinander. Zwei Giganten des physikalischen Denkens im 20. Jahrhundert – Einstein als Vertreter des Determinismus und der klassischen Realitätsauffassung, Bohr als Wortführer der neuen Quantentheoretiker – fochten die Differenzen in aller Freundschaft, doch unter Einsatz allen Scharfsinns in einem tagelangen geistigen Duell aus. In der Sicht der meisten Beteiligten blieb Bohr und damit die neue Quantentheorie siegreich. Doch Einstein änderte seine Meinung nicht, ein Konsens konnte nicht erzielt werden. Alle Versuche, die Differenzen auf faktische Fragen zu reduzieren, die experimentell prüfbar waren, scheiterten, weil es kein *experimentum crucis* gab. Die neue Quantentheorie konnte alle empirisch überprüfbaren Fragen beantworten. Sie ist heute neben der Relativitätstheorie das erfolgreichste theoretische System der Physik. Einstein erkannte dies an. 1928 schrieb er an Schrödinger: „Die

Heisenberg-Bohr'sche Beruhigungsphilosophie – oder Religion? – ist so fein ausgeheckt, daß sie dem Gläubigen einstweilen ein sanftes Ruhekissen liefert, von dem er nicht so leicht sich aufscheuchen läßt" (zit. in: Max Jammer, Albert Einstein und das Quantenproblem, in: Nelkowski u.a. 1979, 163).

Ab 1929 verschlechterte sich die politische Lage in Deutschland rapide. Dennoch dachte Einstein nicht daran, das Land zu verlassen. Er hatte sich ein Sommerhaus in Caputh bei Potsdam gebaut, in dem er sich sehr wohlfühlte. Sein „kleines Paradies" lag abgeschieden vom Trubel der Großstadt in der Nähe des Templiner Sees und war daher für den begeisterten Segler Einstein eine ideale Lebens- und Arbeitsstätte. Im Winter 1930 und 1931 hielt sich Einstein zu Forschungszwecken am California Institute of Technology in Pasadena auf. Im August 1932 erhält er einen Ruf an das von Abraham Flexner gegründete und noch im Aufbau befindliche *Institute for Advanced Study* in Princeton. Ende 1932 reiste Einstein wieder nach Pasadena, um dort das Wintersemester zu verbringen. Er wird niemals nach Deutschland zurückkehren.

Am 30. Januar 1933 wird Hitler Reichskanzler. Im März reist Einstein nach Belgien, um die weitere Entwicklung zu beobachten. Als er erkennt, daß die politische Wende endgültig ist, tritt er von allen seinen Ämtern in Deutschland zurück. Zugleich erklärt er seinen Austritt aus allen deutschen Organisationen. Damit war er den neuen Machthabern, die ihn mit großer Geste aus der Akademie werfen wollten, zuvorgekommen. Außerdem wurde Einsteins gesamtes Eigentum in Berlin konfisziert. Er nahm es äußerlich gelassen. Wie es in ihm aussah, wissen wir nicht.

Nach einem Zwischenaufenthalt in Oxford kehrte Einstein in die Vereinigten Staaten zurück, um für immer zu bleiben. Seine Position am *Institute for Advanced Study* war ähnlich der an der Akademie in Berlin. Ohne durch Lehrverpflichtungen, Verwaltungsaufgaben oder Prüfungen gestört zu werden, konnte er über die Grundlagen der Physik grübeln. Einsteins Emigration in die Neue Welt hatte symbolische Bedeutung. Von nun an lag das

Zentrum der physikalischen Forschung nicht mehr in Deutschland und nicht mehr in Europa. Einem großen Teil der bedeutenden Wissenschaftler Deutschlands, darunter viele hochbegabte Nachwuchskräfte, erging es ähnlich wie Einstein. Anders als er standen sie jedoch nicht im Rampenlicht, und auch eine privilegierte Position am *Institute for Advanced Study* war nur wenigen vergönnt.

10. Der Weg in die Neue Welt und die Suche nach der Weltformel

Einstein gefällt es in Princeton, und er beschließt zu bleiben. Er kauft ein Haus, doch als Besitzer läßt er Elsa eintragen, die er 1919, nach der Scheidung von Mileva, geheiratet hat. Er selbst will über keinen privaten Besitz mehr verfügen, weil er dies als Fessel empfindet. Nach der Regelung der praktischen Lebensumstände setzt Einstein sein wissenschaftliches Programm in den Vereinigten Staaten fort. Im Zentrum steht weiterhin die Entwicklung der einheitlichen Feldtheorie.

In die Schlagzeilen der physikalischen Journale gerät Einstein jedoch zunächst mit einer anderen Arbeit. Im Jahre 1935 verfaßt er mit Podolsky und Rosen einen Aufsatz mit dem Titel „Can Quantum-Mechanical Description of Physical Reality be Considered Complete?“ Mit seinen Koautoren hatte er ein Experiment erdacht, in dem sich die metaphysischen und ontologischen Fragen, die in der Quantentheorie zur Debatte standen, wie in einem Brennglas bündelten. Nach Sicht der Autoren stehen die Quantentheoretiker vor der Alternative, entweder den Realismus oder den Anspruch auf Vollständigkeit der Naturbeschreibung aufzugeben (Einstein 1955, 506).

In seiner Erwiderung gestand Bohr diese Konsequenzen zu, doch er sieht darin keinen Widerspruch, sondern ein Indiz für die andersgeartete Natur der Quantenwelt.

> „Der scheinbare Widerspruch enthüllt lediglich eine wesentliche Unzulänglichkeit des gewohnten Standpunktes der Naturbeschreibung für die rationelle Darstellung physikalischer

> Phänomene des in der Quantenmechanik behandelten Typs. Tatsächlich bringt die *endliche Wechselwirkung zwischen den Objekten und den Meßgeräten,* die durch die Existenz des Wirkungsquantums bedingt ist, die Notwendigkeit mit sich – wegen der Unmöglichkeit einer Kontrolle der Reaktion des Objektes auf die Meßgeräte, wenn diese ihren Zweck erfüllen sollen –, endgültig auf das klassische Kausalitätsideal zu verzichten und unsere Haltung gegenüber dem Problem der physikalischen Wirklichkeit von Grund auf zu revidieren."

Bei den von Einstein, Podolsky und Rosen beanstandeten Effekten

> „handelt es sich wesentlich *um einen Einfluß auf die tatsächlichen Bedingungen, welche die möglichen Arten von Voraussagen über das zukünftige Verhalten des Systems definieren.* Da diese Bedingungen ein immanentes Element der Beschreibung jeglichen Phänomens ausmachen, dem man mit Recht den Begriff ‚physikalische Wirklichkeit' zuschreiben kann, sehen wir, daß die Argumentation der genannten Verfasser nicht ihre Schlußfolgerung rechtfertigt, die quantenmechanische Beschreibung sei wesentlich unvollständig." (Bohr, Diskussion mit Einstein über erkenntnistheoretische Probleme in der Atomphysik, in: Schilpp 1955, 143f.)

Es ist klar, daß Bohr in der Sicht Einsteins nun in die Zwickmühle gerät, sich zur Aufgabe des Realismus gezwungen zu sehen. Für die Majorität fiel die Antwort Bohrs wohl überzeugend aus, denn das EPR-Paradoxon beunruhigte bald kaum noch einen der praktisch arbeitenden Physiker. Einstein konnte dies nicht beeindrucken, hatte er doch solche Gewöhnungseffekte an wissenschaftliche Anomalien schon öfter beobachtet. Sein Erfolg war unter anderem darin begründet, daß er sich *nicht* an sie gewöhnt hatte, sondern sie als mögliches Indiz für ein verborgenes, grundlegendes Problem ansah.

Was störte Einstein an der Quantentheorie? Wenn man die Einwände auf einen Punkt reduzieren will, so könnte man sagen, daß die Quantentheorie nicht in ein einheitliches wohlbestimmtes Bild der Natur paßte. Die Art von Realität, die sie im Kleinen postulierte, unterschied sich zu drastisch von der makroskopisch erfahrbaren Welt – aber auch von einer Welt, deren Erforschung ihm die Arbeit eines Lebens wert war –, als daß er sie akzeptieren konnte. Ein Brief an Besso aus dem Jahr 1952 macht diesen Punkt klar. „Ein Realzustand läßt sich in der gegenwärtigen Quantentheorie überhaupt nicht beschreiben, sondern nur ein (unvollständiges) Wissen in bezug auf einen Realzustand. Die ‚orthodoxen' Quantentheoretiker verbieten überhaupt den Begriff des Realzustandes." (Einstein, in: Jammer, a.a.O., 162). Die Unterschiede zwischen Bohr und Einstein lagen auf philosophischer Ebene. Sie betrafen die Metaphysik und die Ontologie der Quantentheorie, nicht ihre testbaren Konsequenzen. Das EPR-Paradoxon war ein Versuch, die Konsequenzen dieser Ontologie so scharf wie möglich herauszuarbeiten. Ist dieser Versuch tatsächlich gescheitert? Die Sichtung des vorliegenden experimentellen und theoretischen Materials zum EPR-Paradoxon, die Jean-Paul Vigier anläßlich des Einstein-Zentenariums 1979 durchgeführt hat, führt zu einem nachdenklichen Schluß, der Einsteins Überlegungen eher bestätigt als widerlegt: „Wie ich bald festgestellt habe, schwebt das EPR-Paradoxon nicht nur wie eine Herausforderung über allen Gedanken zur physikalischen Interpretation des Quantenphänomens; es wirft zudem mit jedem von ihm abgeleiteten Experiment immer tiefgründigere Fragen auf, welche das Problem der Existenz und des Wesens der Kausalität in der Welt der Phänomene ins grelle Licht der Aufmerksamkeit rücken" (Vigier, Report on the Einstein-Podolsky-Rosen Paradoxon, in: Treder 1979, 187).

Die Bellsche Ungleichung (vgl. Bell 1987) hat die Schlußfolgerungen aus dem EPR-Paradoxon grundsätzlich gestützt und zugleich Stoff für neue Reflexionen geliefert. Wenn die orthodoxe (Kopenhagener) Interpretation der Quantentheorie stimmt, dann ist es möglich, daß räumlich weit voneinander entfernte Ereignisse so gekoppelt sind, daß sie einander *augenblicklich* beeinflussen können – ungeachtet der Endlichkeit aller Signalgeschwindigkeiten. Experimente von Aspect und anderen haben diese theoretische Prognose bestätigt. Neben dem Indeterminismus und der Komplementaritätsidee war es diese exotische Konsequenz, die zu Einsteins Ablehnung der neuen Quantentheorie führte. Doch was Einstein als *reductio ad absurdum* gedacht hatte, scheint Wirklichkeit zu sein. Die Realität in der Welt der kleinsten Teilchen könnte sich als exotischer erweisen, als er sich in seinen schlimmsten Erwartungen vorstellen konnte.

Einsteins Arbeit ab Mitte der zwanziger Jahre bis zu seinem Tode 1955 war in der Hauptsache auf das Ziel gerichtet, eine umfassendere Theorie zu finden, die sowohl die neue Quantentheorie als auch die allgemeine Relativitätstheorie als Grenzfälle enthielt. Er wandte wieder seine bewährte Heuristik an, doch dieses Mal blieb der durchschlagende Erfolg aus. „Die Feldtheorie Einsteins ist tot, es lebe die neue Feldtheorie Einsteins", kommentierte Wolfgang Pauli (sinngemäß) die ständig erneuerten Versuche des Meisters, sein Ziel in einer *tour de force* doch noch zu erreichen. Nach der Ansicht der Mehrheit der Physiker hat Einstein in seiner Suche nach einer vereinheitlichten Feldtheorie sein Talent und seine Arbeitskraft einer Chimäre geopfert. Einstein hatte sich gewünscht, daß Wolfgang Pauli sein Werk fortsetzt, doch der große Skeptiker, den man „das Gewissen der Physik" nannte, starb bereits 1958. Für kurze Zeit waren er und Heisenberg der trügerischen Hoffnung verfallen, die „Weltformel" in Händen zu haben. Doch der „heilige Gral" der Physik, die „Theorie für Alles", ist auch an der Jahrtausendwende noch nicht gefunden.

Manche glauben, Einstein sei in seiner Suche nach der allgemeinen Feldtheorie seinem früheren Grundsatz untreu geworden und im Alter „dem formalen Weg" verfallen. Sie behaupten, er habe genau das betrieben, was er zwanzig Jahre vorher Hermann Weyl und David Hilbert vorgeworfen hatte: reine Mathematik ohne Bezug zur physikalischen Deutung. „Physik" – so hatte Einstein seinem Freund Solovine einst erklärt – „ist im wesentlichen eine intuitive und konkrete Wissenschaft. Die Mathematik dagegen ist nur ein Mittel, um die Gesetze zum Ausdruck zu bringen, die die Phänomene beherrschen" (Einstein, zit. in: Maurice Solovine, Auszug aus einer Denkschrift, in: French 1985, 72). Doch immerhin hatte Hilbert die Feldgleichungen der allgemeinen Relativitätstheorie auf rein formalem Weg gefunden, wenngleich es einen Einstein brauchte, um sie physikalisch zu deuten.

Doch es gibt auch nachdenkliche Stimmen. Kaku und Trainer meinen: „Bei präziser Durchsicht der vor über vierzig Jahren veröffentlichten Arbeiten Einsteins wird man, statt sie als veraltet anzusehen, von ihrer erstaunlichen Aktualität beeindruckt sein" (Kaku & Trainer 1993, 51 f.). In den Versuchen zur Integration der verschiedenen Kräfte, von der Quantenelektrodynamik über die Quantenchromodynamik, in den großen vereinheitlichten Theorien („GUTs") bis zu den Superstring-Theorien sehen die Autoren Fortsetzungen des Einsteinschen Programms. Freilich setzen diese Versuche die Quantentheorie voraus, die Einstein nicht für akzeptierbar hielt, wenngleich er zugab, daß sie die „Phänomene" korrekt beschrieb.

In den letzten zwanzig Jahren seines Lebens entfaltete Einstein viele politische, humanitäre und erzieherische Aktivitäten. Eine seiner bekanntesten Aktionen ist der berühmte Brief vom 2. August 1939, den er zwar nicht verfaßt, aber unterschrieben und an Präsident Roosevelt weitergeleitet hat. Dieser Brief warnt den Präsidenten vor einer möglichen atomaren Bedrohung durch die Deutschen und wurde lange Zeit als entscheidender Anstoß für das amerikanische Atombombenprojekt angesehen. Obwohl man diese Ansicht nicht teilen muß, weil es auch andere Anstöße gab, hat Einstein seine Unterschrift im Rückblick als großen Fehler gewertet. Nach dem Krieg widmete er einen Teil seiner Zeit Initiativen zur Abrüstung und zur Sicherung des Weltfriedens. Dies brachte ihn auch in die Schußlinie des FBI, der viel Geld und

Mühe für Nachforschungen über eventuelle „unamerikanische Aktitiväten“ Einsteins aufwandte und seine Ergebnisse in einem über tausendseitigen Bericht an J. Edgar Hoover präsentierte.

Besonders am Herzen lag Einstein das Schicksal der Juden in Palästina. Nach dem Massenmord in den deutschen Lagern war er zu der Überzeugung gekommen, daß die Juden einen eigenen Staat brauchen. Er ließ sich gerne für Spendenaktionen, Aufrufe und Reden einspannen, die diesem Ziel dienten. Auf Angebote zur Übernahme einer Professur im Gelobten Land ging er jedoch nicht ein. Auch als ihm nach dem Tode Weizmanns die israelische Präsidentschaft angetragen wurde, winkte er ab. Er kannte seine Grenzen: „Mein Leben lang mit objektiven Dingen beschäftigt, habe ich weder die natürliche Fähigkeit noch die Erfahrung im richtigen Verhalten zu Menschen in der Ausübung offizieller Funktionen“ (Einstein, in: Hermann 1994, 486).

Diese Selbsteinschätzung war wohl realistisch, was das politische Handeln im Rahmen internationaler Zusammenhänge anging. Ein hoher Beamter des amerikanischen State Department vermerkte nach einer Unterredung mit Einstein über Probleme internationaler Kooperation in seinen Akten: „Der Mann, der das Konzept der vierten Dimension in die Wissenschaft eingeführt hat, vermochte hinsichtlich einer Weltregierung in nur zweien von ihnen zu denken“ (zit. nach Hermann 1994, 514). Doch wer würde von einem Politiker verlangen, das Problem der Quantengravitation zu lösen? Man ist froh, wenn er den Satz des Pythagoras kennt.

Einsteins politische und humanitäre Aktivitäten bedürfen dennoch keiner Entschuldigung. Er hat sich nie nach ihnen gedrängt. Er glaubte jedoch, sich nach den politischen Katastrophen des 20. Jahrhunderts nicht verweigern zu dürfen, wenn man ihn um Rat anging. Er meinte auch, daß es zulässig sei, sein Ansehen für eine gute Sache in die Waagschale zu werfen. Zuweilen waren ihm die Erwartungen seiner Umwelt, er könne zu allem und jedem ein kluges Wort sagen, ausgesprochen lästig. Denn in Wirklichkeit war er mit vollem Herzen bis zu seinem letzten Atemzug nur eines: ein ewig Suchender, ein begeisterter Naturforscher, der die verborgenen Gedanken Gottes bei der Erschaffung der Welt ergründen wollte. „Es ist ein herrliches Gefühl, die Einheitlichkeit eines Komplexes von Erscheinungen zu erkennen, die der direkten sinnlichen Wahrnehmung als ganz getrennte Dinge erscheinen." (Einstein 1987 ff., Bd. 1, 290 f.)

Literaturhinweise zum Weiterlesen

Da die Sekundärliteratur zu Einstein unüberschaubar geworden ist, haben wir uns auf die Angabe einiger wichtiger Aufsätze, Standardwerke und Sammelbände beschränkt. Der Schwerpunkt der Literaturübersicht liegt auf Quellen der Zeit, wobei auch hier eine strenge Auswahl getroffen werden mußte.

Abraham 1912a: M. Abraham, „Zur Theorie der Gravitation“, in: Phys. Z. 13 (1912), 1–5.

Abraham 1912b: M. Abraham, „Die Erhaltung der Energie und der Materie im Schwerkraftfelde“, in: Phys. Z. 13 (1912), 311–314.

Abraham 1912c: M. Abraham, „Das Gravitationsfeld“, in: Phys. Z. 13 (1912), 793–797.

Abraham 1914: M. Abraham, „Die neue Mechanik“, in: Scientia 15 (1914), 8–27.

Aichelberg & Sexl 1979: P. C. Aichelberg und R. U. Sexl (Hg.), Albert Einstein. Sein Einfluß auf Physik, Philosophie und Politik, Braunschweig und Wiesbaden 1979.

Bell 1987: J. S. Bell, Speakable and Unspeakable in Quantum Mechanics, Cambridge u. a. 1987.

Boltzmann GA: Ludwig Boltzmann, Gesamtausgabe. Bd. 1: Vorlesungen über Gastheorie, Graz 1981 (Leipzig 1896–1898); Bd. 2: Vorlesungen über Maxwells Theorie der Elektrizität und des Lichtes, Graz 1982 (Leipzig 1891–1893).

Buchwald 1989: Jed Z. Buchwald, The Rise of the Wave Theory of Light, Chicago und London 1989.

Cassirer 1957: Ernst Cassirer, „Zur Einsteinschen Relativitätstheorie“, in: ders., Zur Modernen Physik, Darmstadt 1957 (orig. 1920).

Driesch 1930: Hans Driesch, Relativitätstheorie und Weltanschauung, Leipzig ²1930.

Earman & Glymour 1978a: J. Earman/C. Glymour, „Lost in the Tensors: Einstein's Struggles with Covariance Principles 1912–1916“, in: Stud. Hist. Phil. Sci. 9 (1978), 251–278.

Earman & Glymour 1978b: J. Earman/C. Glymour, „Einstein und Hilbert: Two Months in the History of General Relativity“, in: Archive for Hist. of Exact Sciences 19 (1978), 291–308.

Einstein & Infeld: Albert Einstein und Leopold Infeld, Die Evolution der Physik, Gütersloh, o. J.

Einstein-Born BW: Albert Einstein, Hedwig und Max Born. Briefwechsel 1916–1955, Frankfurt und Berlin 1986.

Einstein-Sommerfeld BW: Armin Hermann (Hg.), Einstein-Sommerfeld-Briefwechsel, Basel und Stuttgart 1968.

Einstein 1905a: A. Einstein, „Über einen die Erzeugung und Verwandlung des Lichtes betreffenden heuristischen Gesichtspunkt“, Ann. Phys. 17 (1905), 132–148; Einstein 1987ff., Bd. 2.

Einstein 1905b: A. Einstein, „Zur Elektrodynamik bewegter Körper“, in: Ann. Phys. 17 (1905), 891–921; Einstein 1987ff., Bd. 2.

Einstein 1905c: A. Einstein, „Ist die Trägheit eines Körpers von seinem Energieinhalt abhängig?“ in: Ann. Phys. 18 (1905), 639–641; Einstein 1987ff., Bd. 2.

Einstein 1907a: A. Einstein, „Über das Relativitätsprinzip und die aus demselben gezogenen Schlußfolgerungen“, in: Jahrbuch der Radioaktivität und Elektronik 4 (1907), 411–462; Einstein 1987ff., Bd. 2.

Einstein 1907b: A. Einstein, „Bemerkungen zu der Notiz von Hrn. Paul Ehrenfest: ‚Die Translation deformierbarer Elektronen und der Flächensatz‘“, in: Ann. Phys. 23 (1907), 206–208; Einstein 1987ff., Bd. 2.

Einstein 1907c: „Die Plancksche Theorie der Strahlung und die Theorie der spezifischen Wärme", in: Annalen der Physik 22, 1907, 180ff.; Einstein 1987ff., Bd. 2

Einstein 1911: A. Einstein, „Über den Einfluß der Schwerkraft auf die Ausbreitung des Lichts", in: Ann. Phys., 35 (1911), 898–908; Einstein 1987ff., Bd. 3.

Einstein & Grossmann 1913: A. Einstein und Marcel Grossmann, „Entwurf einer verallgemeinerten Relativitätstheorie und einer Theorie der Gravitation", in: Zeitschrift für Mathematik und Physik 62 (1913), 225–261; Einstein 1987ff., Bd. 4.

Einstein 1913: A. Einstein, „Zum gegenwärtigen Stande des Gravitationsproblems", in: Phys. Z. 14 (1913), 1249–1266; Einstein 1987ff., Bd. 4.

Einstein 1914a: A. Einstein, „Die formalen Grundlagen der allgemeinen Relativitätstheorie", in: Sb. d. Königl. Preuss. Akademie der Wissenschaften, Phys.-math. Classe XLI, 1914.

Einstein 1914b: A. Einstein, „Prinzipielles zur verallgemeinerten Relativitätstheorie und Gravitationstheorie", in: Phys. Z. 15 (1914), 176–180; Einstein 1987ff., Bd. 6.

Einstein 1916: A. Einstein, „Die Grundlagen der allgemeinen Relativitätstheorie", in: Annalen der Physik 49 (1916); auch in Lorentz-Einstein-Minkowski.

Einstein 1918a: A. Einstein, „Dialog über Einwände gegen die Relativitätstheorie", in: Die Naturwissenschaften 6 /1918), 697–702.

Einstein 1918b: A. Einstein, „Prinzipielles zur allgemeinen Relativitätstheorie", in: Ann. Phys. 55 (1918), 241–244.

Einstein 1955: A. Einstein, „Autobiographisches", in: Schilpp 1955.

Einstein 1979a: A. Einstein, Mein Weltbild, Frankfurt/Berlin/Wien 1979.

Einstein 1979b: A. Einstein, Aus meinen späten Jahren, Stuttgart 1979.

Einstein 1979c: A. Einstein, Über die spezielle und die allgemeine Relativitätstheorie, Braunschweig ^{21}1979.

Einstein 1979d: A. Einstein, Grundzüge der Relativitätstheorie, Braunschweig ^{5}1979.

Einstein 1979e: A. Einstein, „Einiges über die Entstehung der allgemeinen Relativitätstheorie", in: Einstein 1979a, 134–138.

Einstein 1987ff.: The Collected Papers of Albert Einstein, Princeton 1987ff..

Eucken 1913: A. Eucken (Hg.), Die Theorie der Strahlung und der Quanten. Verhandlungen des Conseil Solvay 1911, Berlin 1913.

Feuer 1971: Lewis Feuer, „The Social Roots of Einstein's Theory of Relativity", in: Annals of Science 27 (1971), Nr. 3 und 4.

Fölsing 1993: Albrecht Fölsing, Albert Einstein. Eine Biographie, Frankfurt 1993.

French 1985: A. P. French (Hg.), Albert Einstein. Wirkung und Nachwirkung, Braunschweig und Wiesbaden 1985.

Freundlich 1913: Erwin Freundlich, „Zur Frage der Konstanz der Lichtgeschwindigkeit", in: Phys. Z. 14 (1913), 835–838.

Freundlich 1914: „Über die Verschiebung der Sonnenlinien nach dem roten Ende auf Grund der Hypothesen von Einstein und Nordström", in: Phys. Z. 15 (1914), 369–371.

Freundlich 1915: Erwin Freundlich, „Über die Gravitationsverschiebung der Spektrallinien bei Fixsternen", in: Phys. Z. 16 (1915), 115–117.

Fritzsch 1996: Harald Fritzsch, Die verbogene Raum-Zeit. Newton, Einstein und die Gravitation, München 1996.

Goldberg 1984: Stanley Goldberg, Understanding Relativity. Origin and Impact of a Scientific Revolution, Boston u. a. 1984.

Grüning 1990: Michael Grüning, Ein Haus für Albert Einstein. Erinnerungen, Briefe, Dokumente, Berlin 1990.

Grundmann 1998: Siegfried Grundmann, Einsteins Akte. Einsteins Jahre in Deutschland aus der Sicht der deutschen Politik, Berlin u. a. 1998.

Guth 1999: Alan Guth, Die Geburt des Kosmos aus dem Nichts. Die Theorie des inflationären Universums, München 1999.

Haller & Stadler: Rudolf Haller und Friedrich Stadler (Hg.), Ernst Mach. Werk und Wirkung, Wien 1988.

Hentschel 1990: Klaus Hentschel, Interpretationen und Fehlinter-

pretationen der speziellen und der allgemeinen Relativitätstheorie durch Zeitgenossen Albert Einsteins, Basel 1990.
Hentschel 1994: Klaus Hentschel, „Erwin Finlay Freundlich and Testing Einstein's Theory of Relativity", in: Archive for History of Exact Sciences 47 (1994), 143–201.
Hermann 1996: Armin Hermann, Einstein. Der Weltweise und sein Jahrhundert, München 1996.
Hertz 1988: Heinrich Hertz, Gesammelte Werke, 3 Bde., Nachdruck Vaduz 1988 (Leipzig 1894, 1895 und 1910).
Hoffmann & Dukas 1978: Banesh Hoffmann, Helen Dukas, Einstein. Schöpfer und Rebell, Frankfurt 1978.
Holton 1973: Gerald Holton, Thematic Origins of Scientific Thought. Kepler to Einstein, Cambridge/Mass. und London 1973.
Holton 1981: Gerald Holton, Thematische Analyse der Wissenschaft. Die Physik Einsteins und seiner Zeit, Frankfurt 1981.
Howard & Stachel 1989: D. Howard & J. Stachel (Hg.), Einstein and the History of General Relativity, Boston u.a. 1989.
Infeld 1969: Leopold Infeld, Leben mit Einstein, Wien 1969.
Israel u.a. 1913: Hans Israel, Erich Ruckhaber und Rudolf Weinmann (Hg.), Hundert Autoren gegen Einstein, Leipzig 1931.
Kaku & Trainer: Michio Kaku und Jennifer Trainer, Jenseits von Einstein. Die Suche nach einer einheitlichen Theorie des Universums, Frankfurt und Leipzig 1993.
Kanitscheider 1991: Bernulf Kanitscheider, Kosmologie, Stuttgart 1991.
Kirsten & Treder 1979: Christa Kirsten & Hans-Jürgen Treder (Bearbeiter), Albert Einstein in Berlin 1913–1933, 2 Bde., Berlin 1979.
Kohl 1909: Emil Kohl, „Über den Michelsonschen Versuch", in: Ann. Phys. 28 (1909), 259–307.
Kottler 1922: Friedrich Kottler, „Gravitation und Relativitätstheorie", in: Encyklopädie der mathematischen Wissenschaften, Bd. 6, 2. Teil: Astronomie, Leipzig 1922–1934, 159–237.
Kraus 1920: Oskar Kraus, „Fiktion und Hypothese in der Einstein-

schen Relativitätstheorie“, in: Annalen der Philosophie 2 (1920/1921), 335–396.
Kretschmann 1917: Erich Kretschmann, „Über den physikalischen Sinn der Relativitätspostulate“, in: Ann. Phys. 53 (1917), 575–614.
Laue 1912: Max Laue, „Zur Theorie des Michelsonversuches“, in: Phys. Z. 13 (1912), 501–506.
Laue 1951: Max v. Laue, Die Relativitätstheorie, Bd. 1: Die spezielle Relativitätstheorie, Braunschweig [5]1951 (1911 unter dem Titel „Das Relativitätsprinzip“ erschienen).
Lenard 1922: Philipp Lenard, Über Äther und Uräther, zweite, vermehrte Auflage mit einem Mahnwort an deutsche Naturforscher, Leipzig 1922.
Levi-Civita 1928: Tullio Levi-Civita, Der absolute Differentialkalkül und seine Anwendungen in Geometrie und Physik, Berlin 1928
Lorentz CP: H. A. Lorentz, Collected Papers, Den Haag 1934ff..
Lorentz-Einstein-Minkowsky: H. A. Lorentz, A. Einstein, H. Minkowsky, Das Relativitätsprinzip, Darmstadt [7]1974.
Mach 1973: Ernst Mach, Die Mechanik. Historisch-kritisch dargestellt, Darmstadt 1973 (1. Aufl. 1883).
Maxwell 1954: James Clerk Maxwell, A Treatise on Electricity and Magnetism, 2 Bde., New York 1954 (Oxford 1891).
McCormmach 1970: Russell McCormmach, „H. A. Lorentz and the Electromagnetic View of Nature“, in: ISIS 61 (1970), 459–497.
Mehra 1975: Jagdish Mehra, The Solvay Conferences on Physics. Aspects of the Development of Physics since 1911, Dordrecht und Boston 1975.
Mie 1914: G. Mie, „Bemerkungen zur Einsteinschen Gravitationstheorie“, Teil II, in: Phys. Z. 15 (1914), 169–176.
Mie 1917: G. Mie, „Die Einsteinsche Gravitationstheorie und das Problem der Materie“, in: Phys. Z. 18 (1917), 551–556, 574–580, 596–602.
Miller 1981: Arthur I. Miller, Albert Einstein’s Special Theory of

Relativity. Emergence (1905) and Early Interpretation (1905–1911), London u. a. 1981.

Millikan 1916: R. A. Millikan, „Quantenbeziehungen beim photoelektrischen Effekt", in: Phys. Z. 17 (1916), 217–221.

Nelkowski u. a. 1979: H. Nelkowski u. a. (Hg.), Einstein Symposion Berlin, Berlin u. a. 1979.

Nordström 1912: G. Nordström, „Relativitätsprinzip und Gravitation", in: Phys. Z. 13 (1912).

Nordström 1913: G. Nordström, „Träge und schwere Masse in der Relativitätsmechanik", in: Ann. Phys. 40 (1913).

Norton 1984: John Norton, „How Einstein Found His Field Equations", in: Historical Studies in the Physical Sciences 14:2 (1984), 253–316.

Pais 1986: Abraham Pais, „Raffiniert ist der Herrgott..." Albert Einstein. Eine wissenschaftliche Biographie, Braunschweig und Wiesbaden 1986.

Pais 1995: Abraham Pais, Ich vertraue auf Intuition. Der andere Albert Einstein, Heidelberg u. a. 1995.

Pauli 1958: Wolfgang Pauli, Theory of Relativity, Oxford 1958 (orig. 1921).

Planck 1997: Max Planck, Die Ableitung der Strahlungsgesetze. Sieben Abhandlungen aus dem Gebiete der elektromagnetischen Strahlungstheorie (1895–1900), Frankfurt 1997.

Poincaré 1906a: Henri Poincaré, Wissenschaft und Hypothese, Leipzig 1906 (Paris 1902).

Poincaré 1906b: Henri Poincaré, Der Wert der Wissenschaft, Leipzig 1906 (Paris 1905).

Reichenbach 1979: Hans Reichenbach, Die philosophische Bedeutung der Relativitätstheorie. Gesammelte Werke, Band 3, Braunschweig und Wiesbaden 1979.

Renn 1994: Jürgen Renn, The Third Way to General Relativity, Max-Planck-Institut für Wissenschaftsgeschichte, 1994.

Riemann 1867: Bernhard Riemann, Über die Hypothesen, welche

der Geometrie zugrunde liegen, Reinheim 1867 (Nachdruck Darmstadt 1959).

Schilpp 1955: Paul Arthur Schilpp (Hg.), Albert Einstein als Philosoph und Naturforscher, Stuttgart 1955.

Schlick 1922: Moritz Schlick, Raum und Zeit in der gegenwärtigen Physik. Zur Einführung in das Verständnis der Relativitäts- und Gravitationstheorie, Berlin 1922.

Schwarzschild 1914: K. Schwarzschild, „Über die Verschiebungen der Bande bei 3883 Å im Sonnenspektrum", in: Sb. d. Königl.-Preuss. Akademie der Wissenschaften, 5. Nov. 1914.

Sommerfeld 1911: Sommerfeld, „Das Plancksche Wirkungsquantum und seine allgemeine Bedeutung für die Molekularphysik", Phys. Z. 12 (1911), 1057–1069.

Stachel 1989: John Stachel, „Einstein's Search for General Covariance 1912–1915", in: Howard & Stachel 1989, 63–100.

Stark 1922: Johannes Stark, Die gegenwärtige Krisis in der deutschen Physik, Leipzig 1922.

Sugimoto 1987: Kenji Sugimoto, Albert Einstein. Eine kommentierte Bilddokumentation, Gräfelding 1987.

Thorne 1994: Kip S. Thorne, Gekrümmter Raum und verbogene Zeit. Einsteins Vermächtnis, München 1994.

Treder 1979: Hans-Jürgen Treder (Hg.), Einstein-Centenarium 1979, Berlin 1979.

Weisskopf 1972: Viktor Weisskopf, „The Visual Appearance of Moving Objects", in: ders., Physics in the Twentieth Century: Selected Essays, Cambridge und London 1972.

Weyl 1923: Hermann Weyl, Raum. Zeit. Materie. Vorlesungen über Allgemeine Relativitätstheorie, Berlin u. a. 1923.

Wiechert 1911: E. Wiechert, „Relativitätsprinzip und Äther", in: Phys. Z. 12 (1911), 689–707 und 737–758.

Wiechert 1916: E. Wiechert, „Perihelbewegung des Merkur und die allgemeine Mechanik", in: Phys. Z. 17 (1916), 442–448.

Wolters 1988: Gereon Wolters, „Atome und Relativität – Was meinte Mach?", in: Haller & Stadler, 484–507.

Index

Menschen und Ideen, die unsere Welt verändert haben

Wilhelm Geerlings
Augustinus

Thomas Buchheim
Aristoteles

Michael Inwood
Heidegger

Martin Gessmann
Hegel

Vittorio Hösle / Christian Illies
Darwin

Michael Bordt
Platon

Anthony Stevens
C. G. Jung

Tom Sorell
Descartes

Ernstpeter Maurer
Luther

Anthony Kenny
Thomas von Aquin

C. C. W. Taylor
Sokrates

Richard Tuck
Hobbes

Stillman Drake
Galilei

Michael Tanner
Nietzsche

A. C. Grayling
Wittgenstein

Roger Scruton
Kant

Anthony Storr
Freud

Robert Wokler
Rousseau

Iring Fetscher
Marx

HERDER / SPEKTRUM